be動詞・一般動詞
was・were，規則動詞，不規則動詞

[　　月　　日]

入試重要ポイント TOP3

be動詞の過去形	規則動詞の過去形	不規則動詞の過去形
主語が you 以外の単数のときは was，他は were。	一般動詞の語尾に d, ed をつける。	一般動詞の語尾に d, ed をつけず不規則に変化する。

1 be動詞の過去形

(1) 主語が **I** のときは，__was__ を使う。

I __was__ a student then.（私はそのとき学生でした。）

(2) 主語が **I, you** 以外の単数（＝3人称単数）のときも，__was__ を使う。

Kenji __was__ very busy yesterday.

（ケンジは昨日，とても忙しかった。）

(3) 主語が **you**，複数のときは，__were__ を使う。

You __were__ in Tokyo last week.（あなたは先週…

JN022189

2 一般動詞の過去形

(1) 規則動詞は，**動詞の語尾に d, ed をつける。**

You play tennis every day.（あなたは毎日，テニスをします。）

You __played__ tennis yesterday.

（あなたは昨日，テニスをしました。）

(2) 不規則動詞は，**d, ed をつけず不規則に変化する。**

I go to the park with my dog.

（私は犬と公園に行きます。）

I __went__ to the park with my dog.

（私は犬と公園に行きました。）

入試得点アップ

be 動詞の疑問文・否定文

① 疑問文は be 動詞を主語の前に置く。

· **Were** you tired?
— Yes, I **was**.
— No, I **wasn't**.
（あなたは疲れていましたか。
— はい，疲れていました。
— いいえ，疲れていませんでした。）

② 定文は be 動詞のとに not を置く。

· …e **wasn't** tired.
…は疲れていませんでした。）

一般動詞の疑問文・否定文

① 疑問文は did を主語の前に置き，動詞を原形に。

· **Did** Ken **come** here?
— Yes, he **did**.
— No, he **didn't**.
（ケンはここに来ましたか。
— はい，来ました。
— いいえ，来ませんでした。）

② 否定文は動詞の前に didn't を置き，動詞を原形に。

· Ken **didn't come** here.
（ケンはここに来ませんでした。）

サクッと確認

次の英文の（　）内から最も適するものを選びなさい。

① I (am, was, were) an English teacher three years ago.　　① __was__

② They (are, was, were) not busy last week.　　② __were__

③ Kenji (go, goes, went) to the library yesterday.　　③ __went__

④ You get up at six and (have, has, had) lunch every day.　　④ __have__

⑤ Mr. Brown (come, comes, came) to Nara last year.　　⑤ __came__

やってみよう!入試問題

解答p.1

目標時間10分

　　　　　分

1 次の英文の（　）内から最も適するものを選びなさい。

(1) My sister （am, are, is） a junior high school student.　　　　〔大阪〕

(2) We （watch, watched, watching） the movie yesterday.　　　　〔大阪〕

(3) One of my friends （live, lives, are living, have lived） in Australia.　　〔神奈川〕

(4) Nancy, （do, does, is, are） your music class start at ten?　　　　〔沖縄〕

(5) There （is, has, are, be） a lot of buildings in Kyoto.　　　　〔秋田〕

2 次の（　）内の語を適する形にかえて，＿＿＿に書きなさい。

(1) He ＿＿＿＿＿＿ me some soybeans last week. （send）　　　　〔大阪一改〕

(2) I met my friend on the street and I ＿＿＿＿＿＿ to her. （speak）　　〔沖縄一改〕

(3) Kenichi went fishing and he ＿＿＿＿＿＿ five fish. （catch）　　　〔沖縄一改〕

(4) I ＿＿＿＿＿＿ one of them on TV last week. （see）　　　　〔新潟〕

(5) I ＿＿＿＿＿＿ this computer at that shop yesterday. （buy）　　　〔沖縄一改〕

3 正しい英文になるように，（　）内の語（句）を並べかえなさい。

(1) ジョンのお父さんは，今，庭にいます。　　　　〔北海道〕

John's （is, father, in） the garden now.

John's ＿＿＿＿＿＿＿＿＿＿＿＿＿＿＿＿＿＿＿＿ the garden now.

(2) 私の弟は，ふだん夕食後に音楽を聞きます。　　　　〔北海道〕

My brother usually （to, music, listens） after dinner.

My brother usually ＿＿＿＿＿＿＿＿＿＿＿＿＿＿＿ after dinner.

(3) （to, gave, me, it, my father） for my birthday.　　　　〔富山〕

＿＿＿＿＿＿＿＿＿＿＿＿＿＿＿＿＿＿ for my birthday.

(4) What （am, Hiroki, in, interested, is）?（1語不要）　　　　〔神奈川〕

What ＿＿＿＿＿＿＿＿＿＿＿＿＿＿＿＿＿＿＿＿＿＿ ?

 「人にそれを与える」は〈give it to ＋人〉と表現する。

下の ココ注意! を見よう！

2 進行形・未来表現
現在・過去進行形，will・be going to

入試重要ポイント TOP3

現在進行形	過去進行形	未来の表現
「(今)〜しています」は〈be動詞の現在形＋〜ing形〉	「(そのとき)〜していました」は〈be動詞の過去形＋〜ing形〉	「〜するつもりです」は will と be going to で表す。

1 進行形

(1) **現在進行形**「(今)〜しています」は進行中の動作を表す。

I **am playing** the piano now.（私は今，ピアノを弾いています。）
└〈be動詞（am, are, is）＋動詞の〜ing形〉

(2) **過去進行形**「(そのとき)〜していました」は進行中だった動作を表す。

They **were running** then.（彼らはそのとき，走っていました。）
└〈be動詞（was, were）＋動詞の〜ing形〉

(3) 進行形の疑問文は **be動詞を主語の前**に置く。

否定文は **be動詞のあとに not** を置く。

Is he **having** lunch now?（彼は今，昼食を食べていますか。）

You **weren't studying**.（あなたは勉強していませんでした。）
= were not

2 will・be going to

(1)〈**will ＋動詞の原形**〉で「〜するでしょう」「〜するつもりです」の意味。

I **will play** tennis tomorrow.（私は明日，テニスをするつもりです。）
疑問文は **will を主語の前**に置き，否定文は **will のあとに not** を置く。will not の短縮形は **won't**。

(2)〈**be going to ＋動詞の原形**〉で「〜するつもり[予定]です」の意味。

I **am going to meet** her next Sunday.
（私は次の日曜日，彼女に会うつもりです。）
疑問文は **be動詞を主語の前**に置き，
否定文は **be動詞のあとに not** を置く。

入試得点アップ

状態動詞

状態を表す一般動詞は進行形にしない。

- He **likes** apples.
  （彼はリンゴが好きです。）
- I **know** Mary.
  （私はメアリーを知っています。）
- They **needed** this book.
  （彼らはこの本を必要としていました。）
- I **have** a pen.
  （私はペンを持っています。）
- Tom **lives** in Kobe.
  （トムは神戸に住んでいます。）
- I **want** a doll.
  （私は人形が欲しい。）

単純未来と意志未来

① 単純未来…単に未来に起こることを表す。
- I will be fifteen next month.
  （私は来月，15歳になります。）
② 意志未来…主語の意志を表す。
- I will go shopping this afternoon.
  （私は今日の午後，買い物に行きます。）

サクッと確認

次の英文の（　）内から最も適するものを選びなさい。

① I (am study, studying, am studying) English now. 　① <u>am studying</u>

② They (play, playing, were playing) in the park then. 　② <u>were playing</u>

③ (Is, Are, Was) you going to go to the library? 　③ <u>Are</u>

④ I (will, going to, am) get up at six tomorrow. 　④ <u>will</u>

⑤ Mr. Brown (going to, is going to, is) come to Nara next year. 　⑤ <u>is going to</u>

やってみよう!入試問題

解答p.1

目標時間 10 分

分

1 次の英文の ( ) 内から最も適するものを選びなさい。

(1) My brother is (study, studied, studying) math now. 〔大阪一改〕

(2) One of the birds (is, are, do, does) flying very high!! 〔沖縄一改〕

(3) Excuse me, I'm (looking, watching, finding, seeing) for the City Hall. 〔沖縄〕

2 次の ( ) 内の語を適する形にかえて, ____ に書きなさい。

(1) A : What were you doing when I called you? 〔千葉〕

B : I was _____ in the library. (study)

(2) Hideo saw an old woman. She was _____ along the street. (walk) 〔埼玉〕

3 正しい英文になるように, ( ) 内の語 (句) を並べかえなさい。

(1) 私の父は今, 夕食を作っています。 〔北海道〕

My (is, dinner, father, cooking) now.

My _____ now.

(2) あなたは明日, 何をしますか。 〔北海道〕

What (going, you, are) to do tomorrow?

What _____ to do tomorrow?

(3) 姉が帰ってきたとき, 私は宿題をしていました。 〔北海道〕

I (doing, was, my homework) when my sister came home.

I _____ when my sister came home.

(4) Some students (care, were, of, taking, small children). 〔和歌山〕

Some students _____ .

4 次の日本文を英文に直しなさい。

(1) 彼らは古い家の写真を撮っていました。 〔香川〕

_____

(2) あなたは神戸 (Kobe) にどのくらい滞在するつもりですか。 〔函館ラ・サール高〕

_____

(3) 明日の天気は晴れでしょう。 〔三重一改〕

_____

will のあとは動詞の原形。be 動詞の原形は be。

3 疑問詞

what・which・whose，疑問詞がある疑問文と答え，howの使い方

入試重要ポイント TOP3

what ～, which ～	whose ～	how
「どんな～」は what ～，「どちらの ～」は which ～。	「だれの～」は whose ～で表す。	how のあとには形容詞・副詞を置くことができる。

1 〈what・which・whose＋名詞〉

(1) 「何の[どんな～]」は〈**what** ＋名詞〉で表す。

What subject do you like?（あなたは何の[どんな]教科が好きですか。）

— I like math.（私は数学が好きです。）

(2) 「どちらの～」は〈**which** ＋名詞〉で表す。

Which bus should I take?（私はどちらのバスに乗ればいいですか。）

— Take Bus No. 3.（3番のバスに乗ってください。）

(3) 「だれの～」は〈**whose** ＋名詞〉で表す。

Whose notebook is this?（これはだれのノートですか。）

— It's mine.（私のものです。）

2 〈how＋形容詞・副詞〉

(1) 〈**how** ＋形容詞・副詞〉で，ものや人の程度をたずねる。

How old are you?（あなたは何歳ですか。）
└→年齢をたずねる

How high is that building?（あの建物はどれくらいの高さですか。）
└→高さをたずねる

(2) 〈**how many** ＋名詞の複数形〉で，ものや人の数をたずねる。

How many CDs do you have?

（あなたは何枚の CD を持っていますか。）

— I have thirty（CDs）.

（私は 30 枚（の CD を）持っています。）

入試得点アップ

How long ～?

「どれくらいの間」と**期間**をたずねる。for ～「～の間」を使って答える。

・ **How long** are you going to stay in America?

（あなたはどれくらいの間アメリカに滞在するつもりですか。）

For three years.

（3年間です。）

How often ～?

「何回」と**回数・頻度**をたずねる。How many times ～? もほぼ同じ内容。

once「1回」
twice「2回」
three times「3回」

3回以降は～ times と答える。

・ **How often** do you go to the movies?

— **Twice** a month.

（あなたはどれくらい映画を見に行きますか。

―1か月に2回です。）

サクッと確認

次の英文の（　）内から最も適するものを選びなさい。

① (What fruit，What sport) do you like? — I like apples.

② (Which color，Which season) do you like the best? — I like red.

③ (Whose car，What car) is that? — It's hers.

④ How (many，much，any) books do you have?

⑤ How many (child，children，a child) are there?

① **What fruit**

② **Which color**

③ **Whose car**

④ **many**

⑤ **children**

やってみよう!入試問題

解答p.2

⏱ 目標時間 10 分

　　　　分

1 対話文の意味が通るように，（　）に入る英語を次の**ア**～**エ**から選びなさい。

(1) *A :* （　　　） did you cook with her?　*B :* Cakes.　　　〔新潟〕

　ア　What　　　**イ**　When　　　**ウ**　Who　　　**エ**　How

(2) *A :* （　　　　　　　　　）　*B :* He is sixty-eight years old.　〔北海道〕

　ア　What is his name?　　　　　　　**イ**　Shall I help you?

　ウ　How old is he?　　　　　　　　**エ**　Where does he live?

(3) *A :* （　　　　　　　　　）　*B :* Two or three days.　　〔兵庫〕

　ア　How much is it?　　　　　　　　**イ**　How are you going to get it?

　ウ　How big is it?　　　　　　　　　**エ**　How long do I have to wait?

(4) *A :* （　　　　　　　　　）　*B :* I took them in New Zealand.　〔北海道〕

　ア　When did you take this one?　　**イ**　Where did you take them?

　ウ　Which is the best picture?　　　**エ**　How do you like them?

2 正しい英文になるように，（　）内の語を並べかえなさい。

(1) (there, many, are, how, in, teachers) this school?　〔福島〕

　_____ this school?

(2) (fruit, of, what, you, like, kind, do)?　〔埼玉〕

　_____

(3) (to, you, go, when, did) the concert?　〔富山〕

　_____ the concert?

3 正しい英文になるように，（　）内に適する語を書きなさい。(1)は絵に合う対話にすること。

(1) *A :* What is the boy doing?　*B :* He is （　　　） bread.　_____〔北海道〕

(2) *A :* How （　　　） will it take?　*B :* It will take about ten minutes.

　　　　　　　　　　　　　　　　　　　　　　　_____〔鳥取〕

4 右の絵を見て，AとBの対話が成り立つように，4語以上の英文を書きなさい。　〔鹿児島〕

A : _____

B : I'll have the pizza.

 Bが「ニュージーランドで撮りました」と答えているので「どこで撮りましたか」とたずねる。

4 助動詞 ①
助動詞 can・may, must・have to

[月 日]

入試重要ポイント TOP3

can・may	must	have to
can は可能・許可, may は 許 可 を 表 す。	肯定文・疑問文は 義務, 否定文は禁止を表す。	否定文は「〜する 必要はない」の意味。

1 助動詞 can・may

(1) can は「〜できる」と可能を表す。Can I 〜? は「〜してもいいですか。」と許可を求める表現。

She **can play** the piano.（彼女はピアノが弾けます。）
└→〈助動詞＋動詞の原形〉

Can I go with you?（あなたと一緒に行ってもいいですか。）

(2) may は「〜してもよい」と許可を表す。

You **may use** this pen now.

（あなたは今，このペンを使ってもよいです。）

2 must・have to

(1) must と have[has] to は「〜しなければならない」の意味を表す。
have[has, had]は主語や時制に合わせて使い分ける。
I **must do** my homework.（私は宿題をしなければなりません。）
You **have to go** there.（あなたはそこに行かなければなりません。）

(2) must と have to の疑問文

Must I wash my hands here?
└→ Must を主語の前に置く

Do I have to wash my hands here?
└→〈Do[Does]＋主語＋ have to 〜?〉

（ここで手を洗わなければなりませんか。）

サクッと確認

次の英文の（ ）内から最も適するものを選びなさい。

① (Does, Have, Can) I sit here? ── ① **Can**

② He (have, has, must) to buy a new notebook. ── ② **has**

③ Tom must (do, does, doing) his homework. ── ③ **do**

④ (Can, Does, Do) I have to eat everything? ── ④ **Do**

⑤ You (must, don't have, have) not go there. ── ⑤ **must**

やってみよう!入試問題

解答p.2

目標時間 10 分

分

1 次の英文の（　）内から最も適するものを選びなさい。

窓を開けてもいいですか。 〔北海道〕

（Please,　Can,　Good,　What）I open the window?

2 次の（　）内の語を適する形に直しなさい。

彼女は農場でお父さんの仕事を手伝わなければなりません。 〔京都一改〕

She（have）to help her father with his work on the farm.

＿＿＿＿＿＿

3 正しい英文になるように，（　）内の語（句）を並べかえなさい。

(1) このかばんを部屋に運んでもらえますか。 〔北海道〕

Can（this bag,　you,　carry）to the room?

Can ＿＿＿＿＿＿＿＿＿＿＿＿＿＿＿＿＿＿ to the room?

(2) 私たちは日曜に学校に行かなくてもよいです。（1 語不要） 〔沖縄〕

We（have,　go to,　must,　don't,　to）school on Sunday.

We ＿＿＿＿＿＿＿＿＿＿＿＿＿＿＿＿＿＿ school on Sunday.

(3) You（kinds,　see,　many,　can,　of）kites in the sky. 〔山口〕

You ＿＿＿＿＿＿＿＿＿＿＿＿＿＿＿＿＿＿ kites in the sky.

(4) How many times（tell,　have,　I,　do,　to）you to clean your room? 〔沖縄一改〕

How many times ＿＿＿＿＿＿＿＿＿＿＿＿＿ you to clean your room?

(5) Can（pen,　your,　I,　use）? 〔富山〕

Can ＿＿＿＿＿＿＿＿＿＿＿＿＿＿＿＿＿＿＿＿ ?

(6) The party starts at 3:40 p.m., so you（at,　be,　there,　must）3:35 p.m. 〔大分〕

The party starts at 3:40 p.m., so you ＿＿＿＿＿＿＿＿＿＿ 3:35 p.m.

(7) *Miso*（your body,　can,　well,　keep）. 〔長野〕

Miso ＿＿＿＿＿＿＿＿＿＿＿＿＿＿＿＿＿＿＿＿＿ .

(8) Hello. This is Ken.（to,　may,　speak,　I,　Mike）, please? 〔秋田〕

＿＿＿＿＿＿＿＿＿＿＿＿＿＿＿＿＿＿＿＿ , please?

4 次の日本文を英文に直しなさい。

彼らのために私は何ができますか。 〔大分一改〕

＿＿＿＿＿＿＿＿＿＿＿＿＿＿＿＿＿＿＿＿＿＿＿＿

「～しなければならない」を 2 語で表すときは，have[has] to を使う。

入試重要ポイント TOP3

would, shall	can't	must, may
would like (to), shall I〜, shall we〜の形で使う。	「〜のはずがない」と訳す場合がある。	「〜に違いない」「〜かもしれない」と訳すことがある。

5 助動詞 ②
助動詞would・shall, can't・must・may

1 助動詞would・shall

(1) would は **would like to 〜**「〜したい」や **Would you like 〜?**「〜はいかがですか。」で使うことが多い。

Would you like to come with me?（私と一緒に来たいですか。）

Would you like some tea?（お茶はいかがですか。）

(2) shall は **Shall I 〜?**「(私が)〜しましょうか。」や **Shall we 〜?**「(一緒に)〜しましょうか。」で使うことが多い。

Shall I open the window?（窓を開けましょうか。）

Shall we go on a picnic?（ピクニックに行きましょうか。）

2 助動詞can't・must・may

(1) can't には「〜のはずがない」の意味もある。

His story **can't be** true.

（彼の話は本当のはずがありません。）

(2) must には「〜に違いない」の意味もある。

She **must be** a popular singer.

（彼女は人気のある歌手に違いありません。）

(3) may には「〜かもしれない」の意味もある。

It **may** rain tomorrow.

（明日，雨が降るかもしれません。）

入試得点アップ

Shall I〜? や Shall we 〜? への答え方

・ **Shall I** open the window?
— Yes, please.
　　No, thank you.
（窓を開けましょうか。— はい，お願いします。/いいえ，けっこうです。）

・ **Shall we** go shopping on Saturday?
— Yes, let's.
　　No, let's not.
（土曜日に買い物に行きませんか。— はい，行きましょう。/ いいえ，やめましょう。）

助動詞の言いかえ表現

can ⇔ be able to
must ⇔ have to
Shall we 〜?
　⇔ Let's 〜.
Will you 〜?
　⇔ Please 〜.

サクッと確認

次の英文の（　）内から最も適するものを選びなさい。

① (Am, Have, Shall) I close the window?
　　　① <u>Shall</u>

② (Can, Would, Shall) you like something to drink?
　　　② <u>Would</u>

③ Tom (can't, does, has) be hungry.
　　　③ <u>can't</u>

④ He (must, is, has) be wise.
　　　④ <u>must</u>

⑤ That man (is, may, have) come here.
　　　⑤ <u>may</u>

1 次の対話が成り立つように，□ にあてはまるものをア〜エから選びなさい。

(1) A : □　　　　　　　　　〔徳島〕

B : Yes, please. I'm looking for a present for my brother.

ア　Could you help me?　　　　イ　Shall we have something hot?

ウ　May I help you?　　　　　　エ　Will you ask me a question?

(2) 〔At school〕　　　　　　　　　〔福島〕

A : I have a headache, and I feel cold.

B : That's too bad. □

ア　You should talk to a teacher.　　イ　I'll take it.

ウ　You are in the hospital.　　　　エ　I'll go to bed early.

(3) A : Look, Judy. I made this chocolate cake. □　　　〔福島〕

B : Yes, please. It looks delicious.

ア　Can you give me some?　　　　イ　Did you buy it for me?

ウ　Would you like some?　　　　　エ　Will you tell me how to make it?

2 次の英文に対する答えとして最も適切なものをア〜エから選びなさい。 〔岐阜〕

Your English teacher is coming to the classroom now. She is carrying a lot of notebooks, and you want to help her. What do you say to her?

ア　Will you carry my notebook?

イ　Shall I carry some of those notebooks?

ウ　Could you help me?

エ　May I ask you to open the door?

_____

3 正しい英文になるように，( ) 内の語を並べかえなさい。

(1) (we, of, in, meet, shall, front) the station?　　　〔栃木一改〕

_____ the station?

(2) The question (a, be, as, must, team, answered).　　　〔兵庫〕

The question _____.

(3) I (am, write, to, a, like, would) letter to him in English.（1 語不要）　〔神奈川〕

I _____ letter to him in English.

> 話題は「チョコレートケーキ」。前後からどんな場面で，何を言ったかを想像して答える。

サクッ!と入試対策❶

解答p.3　 　目標時間 10 分　　　　分

1 次の英文の（　）内から最も適するものを選びなさい。

(1) ジョンは自転車に乗りますか。　〔大阪〕

Does John（ride,　rides,　riding）a bike?

(2) The girl is Tomoya's sister.　She is（slept,　sleeping,　sleeps,　sleep）with the dog.　〔秋田〕

(3) A：I think doing *kamishibai* is very difficult.　〔静岡一改〕

B：No.　You（should,　didn't,　are going to,　don't have to）remember the story.　Look

here.　The story is written on the backs of the picture.

2 正しい英文になるように，（　）内の語を並べかえなさい。

(1) あなたは何を探しているのですか。　〔北海道〕

What（you,　for,　are,　looking）?

What _____?

(2) （do,　like,　sports,　what,　you）?　〔長崎〕

_____

(3) （at,　bed,　I,　to,　one,　went）o'clock.　〔富山〕

_____ o'clock.

(4) What（should,　kind,　fuels,　use,　of,　we）now?　〔和歌山〕

What _____ now?

3 次の対話が成り立つように，□にあてはまる英文を書きなさい。　〔高知〕

(1) 【状況：Ben と Mia が教室で話しています。】

Ben：I like winter. _____

Mia：I like summer the best because I can swim in the river.

Ben：Oh, cool!　I have never swum in a river.

_____

(2) 【状況：John は Aya の家に遊びに来ています。】

John：Aya, that's a beautiful picture.

Aya：Thank you, John.　My brother likes taking pictures.　He took it last year.

John：_____

Aya：In Akita City.

_____

サクッ!と入試対策 ❷

解答p.4　　⏱10　　目標時間 10 分　　　　分

1 次の(1), (2)の対話について, ☐ に入る最も適当なものを, それぞれ**ア～エ**から選びなさい。

〔北海道〕

(1) A : I hear you've joined the karate club in your school, Ryouhei.

B : Yes. I practice it four times in a week.

A : How long do you practice each time?

B : ☐ I always practice hard.

ア During summer vacation.　　　　　**イ** For two hours.

ウ I practiced it yesterday.　　　　　**エ** For about three days.

(2) A : Where are you going, Mike?

B : I'm going to Takashi's house, Mom. He'll teach me science for the test.

A : OK. When will you come back?

B : ☐

ア He'll go there soon.　　　　　**イ** I came back in the afternoon.

ウ I'll be back before dinner.　　　　**エ** We'll study math together.

2 正しい英文になるように, ( ) 内の語を並べかえなさい。

(1) (bag, which, yours, is)?　　　　　　　　　　　〔富山〕

_____

(2) What (of, do, kind, you, music) like?　　　　　〔宮崎〕

What _____ like?

(3) In the future, (to, help, I'd, robots, like, make, to) people.　〔埼玉〕

In the future, _____ people.

3 会話の流れが自然になるように, 次の ☐ の中に 7 語以上の英語を補いなさい。　〔静岡〕

Lucy : Oh, I forgot to return this book to the library. I often forget to do things.

Naoto : Really?

Lucy : What can I do to stop forgetting to do things?

Naoto : ☐

Lucy : I see. I'll try that.

_____

6 不定詞 ① ・動名詞
不定詞の3用法, 動名詞

[　月　日]

入試重要ポイント TOP3

不定詞の3用法	動名詞の目的語	It is … for＋人＋to ～.
名詞的用法, 形容詞的用法, 副詞的用法がある。	動詞によって不定詞と動名詞を使い分ける。	「人にとって～するのは…です。」という意味。

1 不定詞の3用法

(1) 名詞的用法　⇒「～すること」の意味を表す。

My dream is **to be** a doctor.（私の夢は医者になることです。）
└→「～すること」

(2) 形容詞的用法　⇒「～するための」「～するべき」の意味を表す。

I want **something to drink**.（私は何か飲む物が欲しい。）
「飲むための何か」＝「何か飲む物」

(3) 副詞的用法　⇒「～するために」と**目的**を表す。

Tom went to the park **to run**.（トムは走るために公園に行った。）
└→「～するために」

2 動名詞と不定詞の使い分け

(1) 目的語に**動名詞**を使う動詞

<u>finish</u> ～ing（～し終える）　<u>enjoy</u> ～ing（～するのを楽しむ）など

(2) 目的語に**不定詞**を使う動詞

<u>want</u> to ～（～したい）　<u>hope</u> to ～（～したいと望む）など

3 仮主語の it

「(人) にとって[(人) が]～することは…です。」は

〈**It is … for** ＋人＋ **to** ＋動詞の原形～.〉で表す。

<u>It is</u> important **for us to get up** early.
└→〈for ＋人〉 └→〈to ＋動詞の原形〉

（私たちにとって[私たちが]早く起きることは大切です。）

入試得点アップ

感情の原因を表す不定詞（副詞的用法）

・ I'm glad **to see** you.
（私はあなたに会えてうれしいです。）
・ She was sad **to hear** the news.
（彼女はその知らせを聞いて悲しかった。）
・ Bob got angry **to see** the sight.
（ボブはその光景を見て怒りました。）
★ 感情を表す形容詞のあとに不定詞を置き「～して」の意味を表す。

動名詞と不定詞で意味が異なる動詞

・ Mary **forgot seeing** him two years ago.
（メアリーは2年前に彼に会ったことを忘れました。）
・ Don't **forget to write** to me.
（私に手紙を書くのを忘れないでね。）
forget ～ing
（～したことを忘れる）
forget to ～
（～するのを忘れる）
remember ～ing
（～したことを覚えている）
remember to ～
（忘れずに～する）　など

サクッと確認

次の英文の（　）内から最も適するものを選びなさい。

① (Speak,　Speaking,　To speaking) English is interesting.

② He went to the library (read,　to read,　reading) books.

③ I have a lot of homework (doing,　to do,　do) today.

④ (It,　That,　What) is interesting to read this book.

⑤ It is necessary (at,　for,　to) him to do that.

① <u>Speaking</u>

② <u>to read</u>

③ <u>to do</u>

④ <u>It</u>

⑤ <u>for</u>

やってみよう!入試問題

目標時間 10 分

分

1 次の英文の（　）内から最も適するものを選びなさい。

(**1**) I sometimes go there （help,　helps,　helped,　to help） him.　　　　　　　〔大阪〕

(**2**) I am glad （to hear,　which hears,　hear about,　can hear） that my friend is doing well in her new school.　　　　　　　〔神奈川〕

(**3**) Yuko enjoyed （sing,　sang,　singing,　to sing） with her classmates.　　　〔沖縄〕

2 正しい英文になるように，（　）内の語（句）を並べかえなさい。

(**1**) I will （show,　maps,　make,　to） them the way to the stadium.　　　〔大分〕

I will ＿＿＿＿＿＿＿＿＿＿＿＿＿＿＿＿＿＿＿ them the way to the stadium.

(**2**) How will you （to,　you,　find,　help,　other,　students）?　　　〔兵庫〕

How will you ＿＿＿＿＿＿＿＿＿＿＿＿＿＿＿＿＿＿＿＿＿＿?

(**3**) The important （think,　before,　thing,　to,　is） you speak.　　　〔千葉〕

The important ＿＿＿＿＿＿＿＿＿＿＿＿＿＿＿＿＿＿＿ you speak.

(**4**) I （help,　like,　their,　them,　to,　with） work.　　　〔京都〕

I ＿＿＿＿＿＿＿＿＿＿＿＿＿＿＿＿＿＿＿＿＿＿＿＿ work.

(**5**) Was it difficult （us,　you,　show,　to,　for） a dance performance?　　　〔岐阜—改〕

Was it difficult ＿＿＿＿＿＿＿＿＿＿＿＿＿＿＿＿＿＿＿ a dance performance?

(**6**) I need more （to,　information,　you,　give） some advice.　　　〔熊本〕

I need more ＿＿＿＿＿＿＿＿＿＿＿＿＿＿＿＿＿＿＿＿ some advice.

(**7**) We don't （to,　perfect English,　need,　understand） each other.　　　〔宮城〕

We don't ＿＿＿＿＿＿＿＿＿＿＿＿＿＿＿＿＿＿＿＿ each other.

(**8**) You （time,　enough,　have,　to） practice the piano.　　　〔宮城〕

You ＿＿＿＿＿＿＿＿＿＿＿＿＿＿＿＿＿＿＿＿＿ practice the piano.

3 下線部と同じ用法の不定詞を含む文を選びなさい。　　　〔長野〕

Shinshu miso was sent to the Kanto area to help them.

ア　Mary wants to visit traditional buildings in Nara.

イ　Our cat was walking around to find her food.

ウ　Ms. Smith wanted something to drink.

エ　It was difficult for him to cook fish without any fire by the river.

「〜するのを楽しむ」は enjoy 〜ing。

7 不 定 詞 ②
疑問詞＋不定詞，原形不定詞

入試重要ポイント TOP3

疑問詞＋不定詞「〜すべきか」は〈疑問詞＋不定詞〉で表す。	〈help＋人など＋動詞の原形〉「(人など) が〜するのを手伝う」	〈let＋人など＋動詞の原形〉「(人など) に〜させてやる[許す]」

1 疑問詞＋不定詞

「〜すべきか」「〜したらよいか」は〈疑問詞＋ **to** ＋動詞の原形[不定詞]〉で表し，名詞の働きをする。

I don't know **what to do**.

（私は何をすればよいかわかりません。）

Do you know **when to leave** here?

（あなたはここをいつ出発したらよいか知っていますか。）

We must decide **where to go**.

（私たちはどこへ行くか決めなければなりません。）

Tom knows **how to use** this computer.

（トムはこのコンピュータの使い方を知っています。）

how to 〜は「〜のしかた」という意味。

2 原形不定詞

(1)「(人など) が〜するのを手伝う」は〈**help**＋人など＋動詞の原形〉で表す。

My sister **helped** me **wash** the dishes.

（私の姉[妹]は私が皿を洗うのを手伝いました。）

(2)「(人など) に〜させてやる[許す]」は〈**let**＋人など＋動詞の原形〉で表す。

Let me **know** your birthday.（私にあなたの誕生日を教えて。）

入試得点アップ

〈want＋人＋to〜〉「(人)に〜してほしい」

・ I **want you to clean** your room.
（私はあなたに部屋をそうじしてほしい。）
・ Do you **want me to open** the window?
（あなたは私に窓を開けてほしいですか。）

〈tell＋人＋to〜〉「(人)に〜するように言う」

・ My mother often **tells me to study**.
（母はよく私に勉強するように言います。）
・ Dick **told her to do** the work.
（ディックは彼女にその仕事をするように言いました。）

〈ask＋人＋to〜〉「(人)に〜するように頼む」

・ I **asked him to help** Mary.
（私は彼にメアリーを手伝うように頼みました。）
・ My brother **asked me to lend** him my bike.
（兄は私に自転車を彼に貸すように頼みました。）

サクッと確認

次の英文の（　）内から最も適するものを選びなさい。

① He didn't know what (doing, to do, do) then.

② Please tell me (what, how, which) to play the guitar.

③ Do you want me (go, going, to go) there?

④ Tom helped me (clean, cleaning, to cleaning) the room.

⑤ Did your mother let you (buying, to buy, buy) a new bag?

① **to do**

② **how**

③ **to go**

④ **clean**

⑤ **buy**

15

1 次の日本文に合うように,（　）に適する語を書きなさい。

(1) 私は何をすればよいのかわからなかった。 〔京都〕

I didn't know （　　　）（　　　）do.

(2) 私は母が夕食を作るのを手伝いました。

I （　　　）my mother （　　　）dinner.

2 正しい英文になるように,（　）内の語を並べかえなさい。

(1) I （what, don't, know, do, to）first. 〔千葉〕

I ＿＿＿＿＿＿＿＿＿＿＿＿＿＿＿＿＿＿＿＿＿ first.

(2) It is difficult to （where, decide, go, to）. 〔大分〕

It is difficult to ＿＿＿＿＿＿＿＿＿＿＿＿＿＿＿ .

(3) （me, myself, introduce, let）.

＿＿＿＿＿＿＿＿＿＿＿＿＿＿＿＿＿＿＿＿＿

(4) Our teacher will （how, show, out, us, go, to）of the building. 〔兵庫〕

Our teacher will ＿＿＿＿＿＿＿＿＿＿＿＿＿ of the building.

(5) Could you （her, me, to, call, ask）back? 〔宮崎一改〕

Could you ＿＿＿＿＿＿＿＿＿＿＿＿＿＿＿ back?

(6) My mother （to, come, me, wants）home early today. 〔栃木〕

My mother ＿＿＿＿＿＿＿＿＿＿＿＿＿ home early today.

(7) Could you show （to, how, me, it, make）? 〔富山〕

Could you show ＿＿＿＿＿＿＿＿＿＿＿＿＿＿＿ ?

3 次の日本文を英文に直しなさい。

(1) 私にピアノを演奏させてください。

＿＿＿＿＿＿＿＿＿＿＿＿＿＿＿＿＿＿＿＿＿

(2) 最初は, 私は何をしたらよいのかわかりませんでした。 〔青森〕

＿＿＿＿＿＿＿＿＿＿＿＿＿＿＿＿＿＿＿＿＿

 to が 2 つあることに注目。It is … to ～. と〈疑問詞＋ to ＋動詞の原形〉を使う。

接続詞
接続詞when・if, because

入試重要ポイント TOP3　　　[　　月　　日]

接続詞when	接続詞if	接続詞 because
「～のとき」は when ～で表す。	「もし～ならば」は if ～で表す。	「(なぜなら) ～なので」は because ～で表す。

1 接続詞 when・if

(1)「～のとき，…。」は〈When + 主語 + 動詞～，….〉〈… when + 主語 + 動詞～.〉と表す。

When I went to the park, Tom was running.

└→ 接続詞を文の前半に置くときは，コンマを置く。

Tom was running **when** I went to the park.

(私が公園に行ったとき，トムは走っていました。)

(2)「もし～ならば，…。」は〈If + 主語 + 動詞～，….〉〈… if + 主語 + 動詞～.〉と表す。

If you are busy, I will help you.

I will help you **if** you are busy.

(もしあなたが忙しければ，私はあなたを手伝うつもりです。)

2 接続詞 because

(1)「(なぜなら) ～なので…。」は〈… because + 主語 + 動詞～.〉で表す。

I can't go to school **because** I'm sick today.

(私は今日病気なので学校に行けません。)

(2) Why ～ ? — Because ….

Why did you come to Japan?

(あなたはなぜ日本に来たのですか。)

Because my father started to work in Japan.

(なぜなら私の父が日本で働き始めたからです。)

入試得点アップ

接続詞の that
〈that + 主語 + 動詞～〉

〈that + 主語 + 動詞～〉で「～ということ」を表す。

・ I think (that) he is kind to everyone.
(私は彼がみんなに親切だと思います。)

・ I know (that) Bob went to Kyoto last week.
(私はボブが先週京都に行ったことを知っています。)

★ 接続詞の that は省略することができる。

〈if + 主語 + 動詞〉の動詞は，未来のことでも現在形で表す。

・ I will go hiking if it is sunny tomorrow.
(明日晴れたら，私はハイキングに行くつもりです。)

★ tomorrow があるが，it ~~will be~~ sunny とはしない。

サクッと確認

次の英文の (　) 内から最も適するものを選びなさい。

① (When, If, Because) I came home, my brother was studying.　　① **When**

② I like summer (when, if, because) I can swim in the sea.　　② **because**

③ I think (it, one, that) Mary is very honest.　　③ **that**

④ He didn't know they (are, were, be) hungry.　　④ **were**

⑤ If it (rain, rains, will rain) tomorrow, we won't play baseball.　　⑤ **rains**

やってみよう!入試問題

解答p.5　⟨10⟩　目標時間10分　　　分

1 次の英文の（　）内から最も適するものを選びなさい。 〔沖縄〕

Let's play baseball（or, if, so, but）the weather is nice tomorrow.

2 次の対話が成り立つように，□にあてはまるものを**ア〜エ**から選びなさい。 〔徳島〕

(1) *A*：Happy birthday! This is a present for you.

　　B：Thank you. May I open it?

　　A：Sure. 　　　　　　

　　ア　I hope you'll like it.　　　　　**イ**　I'll never buy it.

　　ウ　You don't have to.　　　　　　**エ**　You like to go shopping.

(2) *A*：Did you read the e-mail about the New Year's party? 〔山形—改〕

　　B：Yes, I did. Thank you for sending me the e-mail. I will go to the party.

　　A：Great. I really want to join it, too. 　　　　　　

　　B：I hope you can come.

　　ア　I couldn't write the e-mail because my computer was very old.

　　イ　I didn't send you the e-mail because I was so busy.

　　ウ　I couldn't go to the party last year because I was sick.

　　エ　I didn't invite you to the party because you had homework to do.

3 正しい英文になるように，（　）内の語を並べかえなさい。

(1) もし私たちの町に来たら，私たちを訪ねてください。 〔北海道〕

Please visit（you, us, if）come to our town.

Please visit _____ come to our town.

(2) 彼は，ひまなときはたいてい映画を見て楽しんでいます。 〔北海道〕

He usually enjoys watching movies（has, when, he）free time.

He usually enjoys watching movies _____ free time.

(3) I'm（can, sure, see, we）a wonderful ceremony. 〔大分〕

I'm _____ a wonderful ceremony.

(4)（go, should, you, to, I, her, think, see）and say goodbye. 〔鳥取〕

_____ and say goodbye.

(5) Can you（after, the, me, book, send, mine）you finish reading it? （1語不要）〔神奈川〕

Can you _____ you finish reading it?

> I'm sure のあとに接続詞の that が省略されている。

9 比較表現 ①

as ～ as …・比較級・最上級，さまざまな比較表現

[月 日]

入試重要ポイント TOP3

比較	不規則変化	one of the＋最上級
原級，比較級，最上級と3つの形がある。	good-better-bestなど不規則に変化する語がある。	「最も～なうちの1つ」のあとの名詞は複数形。

1 as ～ as …・比較級・最上級

(1) 原級：「…と同じくらい～だ」は〈as ＋原級＋ as …〉

He is **as tall as** Ken.（彼はケンと同じくらい背が高い。）

(2) 比較級：「…より～だ」は〈比較級＋ than …〉

He is **taller than** Ken.（彼はケンより背が高い。）

(3) 最上級：「…の中でいちばん～だ」は〈the ＋最上級＋ in[of]～〉

He is **the tallest in** the class.（彼はクラスでいちばん背が高い。）

(4) 3音節以上ある長い単語の比較級には **more**，最上級には **most** をつける。 interesting → **more interesting** / **most interesting**

2 さまざまな比較表現

(1) 不規則に変化する単語もある。

good / **well** — **better** — **best**　　**bad** — **worse** — **worst**

many / **much** — **more** — **most**　　**little** — **less** — **least**

Mary plays the piano **better** than Nancy.

（メアリーはナンシーよりも上手にピアノを弾きます。）

(2) 〈**one of the** ＋最上級＋複数名詞〉で「最も～な…のうちの1つ」という意味になる。

Nara is **one of the oldest cities** in Japan.

（奈良は日本で最も古い都市の1つです。）

入試得点アップ

原級の否定文

〈**not as[so]**～ **as** …〉は「…ほど～ではない」と訳す。

・ Tom is **not as young as** you.

（トムはあなたほど若くありません。）

＝You are younger than Tom.

（あなたはトムよりも若いです。）

＝Tom is older than you.

（トムはあなたよりも年上です。）

比較級 and 比較級

〈比較級 and 比較級〉は「だんだん～，ますます～」と訳す。

・ It's getting **colder and colder**.

（だんだん寒くなってきています。）

・ Math is getting **more and more difficult**.

（数学はだんだん難しくなってきています。）

・ **More and more** people will visit this city.

（ますます多くの人がこの都市を訪れるでしょう。）

サクッと確認

次の英文の（ ）内から最も適するものを選びなさい。

① Dick can run（fast, faster, the fastest）than Jiro.

② He sings the（well, better, best）of all the boys.

③ This book is（difficult, more difficult, most difficult）than that one.

④ Tokyo is one of the（big, bigger, biggest）cities in the world.

⑤ The car is（bad, worse, worst）than mine.

① **faster**

② **best**

③ **more difficult**

④ **biggest**

⑤ **worse**

やってみよう!入試問題

解答p.6　　目標時間10分　　　　　分

1 次の英文の（　）内の語を適する形に直しなさい。

(1) My sister gets up（early）than I. _____ 〔沖縄一改〕

(2) Takeshi is the（good）baseball player in our team. _____ 〔沖縄一改〕

2 次の英文の（　）内から最も適するものを選びなさい。

(1) Johnny Depp's new movie is not（very, more, most, as）interesting as his last one.

〔駿台甲府高〕

(2) Tokyo Skytree, Tokyo Tower, and Akashi Kaikyo Tower are three very tall towers in Japan. As you know, Tokyo Skytree is（the tallest of, as tall as, not as tall as, taller than）the three.

〔駿台甲府高〕

3 次の日本文に合うように，（　）に適する語を書きなさい。

日本は外国からの訪問者たちにとって最も人気のある国の1つです。 〔京都〕

Japan is one of（　　　　）（　　　　）（　　　　）countries for visitors from foreign countries.

4 正しい英文になるように，（　）内の語（句）を並べかえなさい。

(1) Soccer（most, sport, is, the, exciting）to me. 〔富山〕

Soccer _____ to me.

(2) I think today（as, cold, is, not, as）yesterday. 〔宮崎〕

I think today _____ yesterday.

(3)（interesting, is, what, most, the）class for you? — Music class. 〔岐阜〕

_____ class for you?

(4) I（is, that, think, box, as, than）large as this one.（1語不要） 〔神奈川〕

I _____ large as this one.

(5) 読書は音楽鑑賞よりも人気があります。 〔鳥取一改〕

（popular, is, listening to music, than, more, reading books）.

_____

(6) 彼は私たちの学校でいちばんテニスが上手です。 〔北海道〕

He is（the, tennis player, best）in our school.

He is _____ in our school.

 「…ほど～ない」は〈not as ～ as …〉と表す。

10 比較表現②

できるだけ～，比較の文の書きかえ

入試重要ポイント TOP3

できるだけ～	最上級→比較級	最上級→原級
as ～ as 主語 can as ～ as possible	A is 比較級 than any other 単数名詞。	No other A is as 原級 as ～.

1 できるだけ～

「できるだけ～」は〈**as ～ as** ＋主語＋ **can**〉や〈**as ～ as possible**〉
で表す。　　　　　　　　　　　　　　　注 possible 可能な

Tom gets up <u>**as early as he can**</u>.
（トムはできるだけ早く起きます。）

Yuka studied English <u>**as hard as she could**</u>.
（ユカはできるだけ一生懸命英語を勉強しました。）

Read <u>**as many books as possible**</u>.
（できるだけたくさんの本を読みなさい。）

2 最上級・比較級・原級の書きかえ

「富士山は日本でいちばん高い山です。」という最上級の文を比較
級，原級で書くことができる。

最上級：Mt. Fuji is **the highest** mountain in Japan.
　　　　（富士山は日本でいちばん高い山です。）

比較級：Mt. Fuji is higher <u>**than any other mountain**</u> in Japan.
　　　　　　　　　　　└→〈than any other ＋単数名詞〉
　　　　（富士山は日本のほかのどんな山よりも高いです。）

原　級：<u>**No other mountain**</u> in Japan is as high as Mt. Fuji.
　　　　└→〈no other ＋単数名詞〉
　　　　（富士山と同じくらいの高さの山は日本にはほかにありません。）

入試得点アップ

倍数表現

「…の X 倍」は〈X
times as ～ as …〉
と表す。
twice（2倍）
three times（3倍）
以後，～ times と表す。

・ My father is **three
times as** old **as** I.
（私の父は私の3倍の
年齢です。）

・ Australia is about
twenty times as
large **as** Japan.
（オーストラリアは日本
の約20倍の大きさで
す。）

「Aほど～なものはない」

〈Nothing is as[so]
～ as A.〉
〈Nothing is ＋比較級
＋ than A.〉

・ N o t h i n g i s a s
important **as** health.

・ **Nothing is more
important than**
health.
（健康ほど大切なもの
はない。）

サクッと確認

次の英文の（　）内から最も適するものを選びなさい。

① He runs as fast as (he can, can he, can).　　　　　　　　① <u>he can</u>

② Mary sang as well as (can, able, possible).　　　　　　　② <u>possible</u>

③ I drove the car as carefully as (I can, could I, I could).　③ <u>I could</u>

④ He is taller than (some, any, many) other boy in his class.　④ <u>any</u>

⑤ (Many, Some, No) other boy in his class is as tall as he.　⑤ <u>No</u>

やってみよう!入試問題

解答p.6

⏱ 目標時間10分

＿＿＿＿ 分

1 次の英文の（ ）内の語を適する形に直しなさい。

(1) It's （small） than this one. ＿＿＿＿＿＿＿ 〔鳥取一改〕

(2) He is the （busy） man in our office, so he always works until late at night. 〔沖縄一改〕

＿＿＿＿＿＿＿

(3) I did it （well） than he. ＿＿＿＿＿＿＿ 〔新潟一改〕

(4) I think Tom has （many） CDs than you. ＿＿＿＿＿＿＿ 〔千葉〕

2 次の英文の意味が通るように，（ ）内に適する語を書きなさい。 〔山形〕

I have two older brothers, so I am the （ 　　　 ） of the three.

3 次の2つの文がほぼ同じ意味になるように，（ ）に最も適する語を書きなさい。 〔実践学園高〕

Paul is the tallest student in his class.

Paul is （ 　　　 ） than （ 　　　 ） other student in his class.

4 正しい英文になるように，（ ）内の語（句）を並べかえなさい。

(1) I hear rice from Kumamoto （the, delicious, is, most） in Japan. 〔熊本〕

I hear rice from Kumamoto ＿＿＿＿＿＿＿＿＿＿＿＿＿＿＿＿＿＿＿ in Japan.

(2) I （fast, run, as, as） Ken. 〔富山〕

I ＿＿＿＿＿＿＿＿＿＿＿＿＿＿＿＿＿＿＿＿＿＿＿＿＿＿＿ Ken.

(3) It is （of, the, highest, all, which, the mountains） in Kanagawa. （1語不要） 〔神奈川〕

It is ＿＿＿＿＿＿＿＿＿＿＿＿＿＿＿＿＿＿＿＿＿＿ in Kanagawa.

(4) できるだけ早くその情報を私に送っていただけませんか。 〔明治大付中野高〕

Could you （me, as, the information, possible, as, send, soon）, please?

Could you ＿＿＿＿＿＿＿＿＿＿＿＿＿＿＿＿＿＿＿＿＿＿, please?

(5) この棒はあの棒の3倍の長さです。 〔東海高〕

（as, as, is, long, times, that one, three, this bar）.

＿＿＿＿＿＿＿＿＿＿＿＿＿＿＿＿＿＿＿＿＿＿＿＿＿＿＿＿＿

「兄が2人いるので，自分は3人の中でいちばん年下です。」と表現する。

サクッ!と入試対策 ❸

解答p.7 ｜ ⏱10 ｜ 目標時間 10 分

　　分

1 次の英文の（　）内から最も適するものを選びなさい。

(1) Then, let's take some pictures（before, but, of, with）we eat *wagashi*.　〔山口〕

(2) I don't know（which, where, how, what）to get to the museum. I have to ask someone.　〔沖縄〕

(3) You should stop（eat, eating, to eat, to eating）too much ice cream.　〔関西学院高〕

2 正しい英文になるように，（　）内の語（句）を並べかえなさい。

(1) *A*：How about this bag? It has a nice color.　〔千葉〕

　　B：It looks good, but it is（than, expensive, one, more, that）.

　　It looks good, but it is _____.

(2) We（when, other, can, each, help）we have trouble.　〔千葉一改〕

　　We _____ we have trouble.

(3) It（get, us, difficult, to, for, is）water.　〔兵庫一改〕

　　It _____ water.

(4) I have to clean my room, so I will（call, I, leave, when, you）my house.　〔岐阜〕

　　I have to clean my room, so I will _____ my house.

(5) *A*：I heard you like this video camera very much, right?　〔山形〕

　　B：Yes.（easy, it, it is, like, because, to, I）use.

　　_____ use.

(6) *A*：I think Mary said a very good thing.　〔千葉〕

　　B：I don't think so. Her（not, good, is, as, idea）as mine.

　　Her _____ as mine.

3 次の対話が成り立つように，（　）に最も適するものを選びなさい。　〔佐賀〕

A：Are you ready for the test, Yuki?

B：I couldn't study at all because（　　　　　　　　）

A：Oh, that's too bad. Are you all right now?

B：Thank you. I feel better now.

ア　I had a stomachache yesterday.

イ　I was watching TV yesterday.

ウ　I had to do the housework for my mother.

エ　I was talking with my friends on the Internet.

23

サクッ!と入試対策 ❹

解答p.7

目標時間10分

□ 分

1 次の英文の（ ）内から最も適するものを選びなさい。

(1) My father is a doctor. (Help, Helps, Helped, Helping) sick people is his job. 〔沖縄〕

(2) When did the cat become as (the big cat, big as its mother, bigger than its mother, the biggest of the three)? 〔神奈川〕

(3) Our teacher told us (study, studying, studied, to study) English harder than before. 〔関西学院高〕

2 正しい英文になるように，（ ）内の語（句）を並べかえなさい。

(1) Can you (to, think, good, of, something) bring to the party? 〔千葉〕
Can you _____ bring to the party?

(2) I (know, garbage, to, didn't, recycle, how). 〔鳥取〕
I _____.

(3) (mistakes, afraid of, don't, making, be). 〔栃木〕
_____

(4) Jiro, (color, you, do, like, what, the best)? 〔高知〕
Jiro, _____?

(5) Sorry, Jeff is taking a bath. Shall I tell him to call (if, want, back, you, you)? 〔秋田〕
Shall I tell him to call _____?

(6) A：I want a cat as a pet. Cats are so cute, aren't they? 〔富山〕
B：Yes, but (more, dogs, than, popular, are) cats in Japan.
Yes, but _____ cats in Japan.

(7) Please show us (to, used, do, using, what, by) a computer. （1語不要） 〔神奈川〕
Please show us _____ a computer.

3 次の日本文を英文に直しなさい。

私はそれらの作り方を習いたいです。 〔愛媛〕

_____

11 受け身

受け身の形, byを用いない受け身の文

[月 日]
入試重要ポイント TOP3

受け身の形	疑問文, 否定文	by ～の省略
〈be 動詞＋過去分詞〉で表す。	be 動詞を含む文と同様に疑問文, 否定文にする。	by ～を用いない受け身の表現もある。

1 受け身の形

(1) 〈**be** 動詞＋過去分詞〉で「～される, ～されている」の意味。

The pen **is used by** him.（そのペンは彼によって使われています。）
　　　　└→〈be 動詞＋過去分詞〉

(2) 受け身の過去形は **be** 動詞を過去形にする。

The book <u>was written</u> by Jack.

（その本はジャックによって書かれました。）

(3) 受け身の疑問文は **be** 動詞を主語の前に置く。

否定文は **be** 動詞のあとに **not** を置く。

2 byを用いない受け身の文

(1) 行為者が一般の人, 特に述べる必要のない場合には **by** ～は省略される。

English **is spoken** in many countries.
　　　　└→「(たくさんの国の)人々によって」とわかるので, by は省略

（英語はたくさんの国で話されています。）

(2) by ～以外の前置詞を使うこともある。

This singer **is** <u>known</u> **to** young people.

（この歌手は若者に知られています。）

<u>be</u> <u>covered</u> <u>with</u> ～（～におおわれている）

<u>be</u> <u>surprised</u> <u>at</u> ～（～に驚く）　　など

サクッと確認

次の英文の（ ）内から最も適するものを選びなさい。

① This book is（read, reading, reads）by many people.　　① <u>read</u>

② These dolls（is, am, are）made by my mother.　　② <u>are</u>

③ The room（don't, isn't, not）cleaned by her.　　③ <u>isn't</u>

④ The book is known（from, with, to）old women.　　④ <u>to</u>

⑤ The computer will（used, using, be used）by Tim.　　⑤ <u>be used</u>

1 次の英文の（　）内の語を適する形に直しなさい。

(1) Two months later, the new school was（build）.　　　　　　　　　　_____　〔京都〕

(2) The book was（write）by a Japanese man.　　　　　　　　　　_____　〔京都〕

(3) The song is（sing）by many children all over the world.　　　_____　〔沖縄一改〕

2 次の日本文に合うように，（　）に適する語を書きなさい。

(1) 市立図書館が先月，建てられました。　　　　　　　　　　　　　　　　　　　　〔長崎一改〕
The city library（　　　　）built last month.

(2) 彼は 1840 年にパリで生まれました。　　　　　　　　　　　　　　　　　　　　　〔大阪〕
He（　　　　）（　　　　）in Paris in 1840.

3 正しい英文になるように，（　）内の語を並べかえなさい。

(1) What（called, flowers, in, these, are）English?　　　　　　　　　　　　　〔岐阜〕
What _____ English?

(2) Famous characters（many, be, in, found, can）places around me.　　　　　〔静岡〕
Famous characters _____ places around me.

(3) A：Oh, you have a nice bag.　　　　　　　　　　　　　　　　　　　　　　　〔秋田〕
B：Thank you. It（made, jeans, of, is, old）.
It _____ .

(4) I was（to, they, surprised, were, know, at）found in America.（ 1 語不要）　〔熊本〕
I was _____ found in America.

(5) このカメラは日本製です。　　　　　　　　　　　　　　　　　　　　　　　　　〔北海道〕
This camera（made, in, is）Japan.
This camera _____ Japan.

4 次の日本文を英文に直しなさい。

バスケットボールはたくさんの人々に愛されています。　　　　　　　　　　　　　〔青森〕

_____

> 「生まれる」は be born と表す。

入試重要ポイント TOP3

現在完了の形	期間をたずねる文	現在完了進行形の形
〈have[has] ＋ 過去分詞〉の形を用いて表す。	How long のあとに現在完了の疑問文の語順を続ける。	〈have[has] been ＋ 動詞の ing 形〉の形を用いて表す。

12 現在完了
現在完了の3用法，現在完了進行形

1 継続用法，完了用法，経験用法

現在完了は〈**have[has] ＋過去分詞**〉の形で，過去の動作や状態が現在にまで影響していることを表す。

(1) 継続：I **have lived** in Kobe since I was a child.
（私は子どものときからずっと神戸に住んでいます。）

(2) 完了：He **has just finished** his homework.
　　　　　└→ just（ちょうど）
（彼はちょうど宿題を終えたところです。）

(3) 経験：I **have visited** Kyoto three times.
（私は京都を3回，訪れたことがあります。）

2 現在完了の疑問文・否定文

(1) 現在完了の疑問文は **have[has]を主語の前**に置く。否定文は **have[has]のあとに not** を置く。

(2) not を使わない否定の表現
I have **never** climbed Mt. Fuji.
　　　└→ never（一度も～ない）
（私は富士山に登ったことが一度もありません。）

3 現在完了進行形

現在完了進行形は〈**have[has] been ＋動詞の ing 形**〉の形で，過去に始まった動作が現在まで継続していることを表す。

She **has been reading** a book since this morning.
（彼女は今朝からずっと本を読んでいます。）

入試得点アップ

現在完了と共に用いる語

① 継続用法
for ～（～の間）
since ～（～以来）
・ I have known Tom **for** twenty years.
（トムとは20年来の知り合いです。）

② 完了用法
already（すでに）
yet（まだ，もう）
・ Have you cleaned your room **yet**?
（あなたはもう部屋をそうじしましたか。）

③ 経験用法
before（以前に）
・ I have seen him **before**.
（私は以前に彼に会ったことがあります。）

have been to ～と have gone to ～

① have been to ～（～に行ったことがある）
・ I **have been to** Nara many times.
（私は何回も奈良に行ったことがあります。）

② have gone to ～（～に行ってしまった）
・ He **has gone to** New York.
（彼はニューヨークに行ってしまいました。）

サクッと確認

次の英文の（　）内から最も適するものを選びなさい。

① I (am, do, have) lived here for three years. 　　① **have**

② Jane (have, has, having) just come home. 　　② **has**

③ I have (ever, never) made a cake before. 　　③ **never**

④ We have (are, be, been) in Japan since 2010. 　　④ **been**

⑤ It has been (rain, rained, raining) since last night. 　　⑤ **raining**

やってみよう!入試問題

解答p.8

目標時間10分

分

1 次の対話が成り立つように，□にあてはまるものを**ア〜エ**から選びなさい。　〔富山〕

Ryan：Let's go to see the movie "My Dog." It's a good movie from America.

Kenta：Sorry. □

Ryan：Then, how about "Long River"?

ア I've been to America once.　　　　**イ** I've already seen it.

ウ I've never touched dogs.　　　　**エ** I've had a dog since last year.

2 次の英文の（ ）内から最も適するものを選びなさい。

(1) 私はこのような甘いりんごを食べたことがありません。　〔大阪〕

I have never（eat, ate, eaten）a sweet apple like this.

(2) She has（is, be, been）sick since last week.　〔鳥取一改〕

(3) My grandfather lives in Osaka, and I（don't see, was seeing, was seen, haven't seen）him for two months.　〔神奈川〕

(4) *A*：Erik, have you ever（have, has, had, having）the experience of the Japanese tea ceremony?

B：No, I haven't, but I heard it's interesting.　〔大阪一改〕

3 正しい英文になるように，（ ）内の語（句）を並べかえなさい。

(1) We（friends, since, been, good, have）we were in junior high school.　〔熊本〕

We ＿＿＿＿＿＿＿＿＿＿＿＿＿＿＿＿＿＿＿ we were in junior high school.

(2) Ken（not, does, his homework, finished, has）yet.（1語不要）　〔沖縄〕

Ken ＿＿＿＿＿＿＿＿＿＿＿＿＿＿＿＿＿＿＿＿ yet.

(3) I have（an, never, interesting, such, seen）movie.　〔千葉〕

I have ＿＿＿＿＿＿＿＿＿＿＿＿＿＿＿＿＿＿ movie.

(4) *A*：Are the members in the gym?

B：Yes.（practicing, they, been, since, have）they ate lunch.

＿＿＿＿＿＿＿＿＿＿＿＿＿＿＿＿＿＿ they ate lunch.

4 次の日本文を英文に直しなさい。

(1) あなたは今までに京都に行ったことがありますか。　〔鳥取〕

＿＿＿＿＿＿＿＿＿＿＿＿＿＿＿＿＿＿＿＿＿＿＿＿＿

(2) 私はスピーチ（speech）をちょうど書き終えました。　〔熊本一改〕

＿＿＿＿＿＿＿＿＿＿＿＿＿＿＿＿＿＿＿＿＿＿＿＿＿

空所の直後で別の映画を提案しているのはなぜかを考えて答える。

13 文 構 造 ①
SVOO・SVOC, be＋形容詞＋that ～の文

[月 日]
入試重要ポイント TOP3

| SVOO 動詞のあとは〈人＋もの〉の語順。 | SVOC C（補語）には名詞や形容詞がくる。 | be＋形容詞＋that ～ 形容詞のあとは〈that＋主語＋動詞 ～〉の語順。 |

1 SVOOとSVOC

(1) 〈主語(**S**)＋動詞(**V**)＋目的語(**O**)＋目的語(**O**)〉の形の文を第4文型という。「（人）に（もの）を～する」という意味。

┌→「人に」 代名詞のときは目的格

My father gave me this guitar.
　 s 　　 v 　　 o 　 o 　 └→「ものを」

（私の父は私にこのギターをくれました。）

(2) 〈主語(**S**)＋動詞(**V**)＋目的語(**O**)＋補語(**C**)〉の形の文を第5文型という。Cには名詞や形容詞がくる。O＝Cの関係が成り立つ。

We call him Ken. （私たちは彼をケンと呼びます。）
 s 　 v 　 o 　 c

Her song makes us happy.
 s 　　 v 　　 o 　 c

（彼女の歌は私たちを幸せにします。）

2 主語＋be動詞＋形容詞＋thatで始まる節

(1) 〈that＋主語＋動詞 ～〉は形容詞のあとに置くことができる。

I am glad (that) I can see you.
　　　 └→感情や心理を表す形容詞 　※接続詞 that は省略できる

（あなたにお会いできてうれしいです。）

(2) be glad[happy] (that) ～ （～がうれしい）

be sad (that) ～ （～が悲しい）

be sorry (that) ～ （～を気の毒に思う，～して残念だ）

be sure (that) ～ （きっと～だと思う）

be afraid (that) ～ （～でないかと心配する）

サクッと確認

次の英文の（ ）内から最も適するものを選びなさい。

① Mr. Tanaka teaches（English them, them English）.

② Could you（speak, tell, say）me your phone number?

③ They named（their son Sora, Sora their son）.

④ My father often makes lunch（to, for）us on weekends.

⑤ I'm（sorry, know）that your mother is sick.

① **them English**

② **tell**

③ **their son Sora**

④ **for**

⑤ **sorry**

1 次の2つの文がほぼ同じ意味になるように，（　）に最も適する語を書きなさい。

(1) My mother bought me a new bike on my birthday.

My mother bought a new bike （　　　）（　　　） on my birthday.

(2) She felt happy when she saw the baby's smile.

The baby's smile （　　　）（　　　） happy.

2 正しい英文になるように，（　）内の語（句）を並べかえなさい。

(1) You are trying very hard, so I （your dream, sure, come, will, am, true）. 〔兵庫一改〕

You are trying very hard, so I _____.

(2) A：Who introduced this book to you? 〔千葉〕

B：Roy did. It （made, interested, me, in, recycling）.

It _____.

(3) A：I want to practice the guitar. But I don't have one. 〔愛媛〕

B：OK. You can use mine. I'll （it, to, bring, you） tomorrow.

I'll _____ tomorrow.

(4) A：You look happy. 〔高知一改〕

B：Yes, I am. Tom （these, gave, beautiful, me, flowers）.

Tom _____.

(5) A：I heard Wangari Maathai was a great person. 〔岩手〕

B：Yes. She was from Africa and introduced the Japanese word "*Mottainai*" to the world.

A：She also （famous, it, make, more, to, tried） in the world.

She also _____ in the world.

(6) （afraid, he, I'm, won't, come, that） to school tomorrow.

_____ to school tomorrow.

3 次の日本文を英文に直しなさい。

(1) この花を英語で何と呼びますか。

_____

(2) あなたが私のプレゼントを気に入ってくれてうれしいです。

_____

> to があるので〈bring ＋人＋もの〉ではない語順。

14 文構造②
接続詞that, 間接疑問文

入試重要ポイント TOP3　　　　　[　月　日]

接続詞that	間接疑問文	語順
肯定文・疑問文・否定文でも〈that＋主語＋動詞〉の語順。	〈疑問詞＋主語＋動詞〉の語順で表す。	動詞のあとが〈人＋that節［間接疑問］〉の順の文がある。

1 主語＋動詞＋that/whatなどで始まる節

(1) 〈**that**＋主語＋動詞 〜〉で「〜ということ」を表す。

I think（**that**）he is kind to everyone.
　　　　└→接続詞 that は省略できる。
（私は彼がみんなに親切だと思います。）

(2) 疑問文が別の文の中に入ると，〈**疑問詞＋主語＋動詞**〉の語順になる。これを間接疑問文という。

疑問文：**Where** do you live?
　　　　〈疑問詞＋疑問文の語順〉
　　　　（あなたはどこに住んでいますか。）

間接疑問文：I don't know **where** you live.
　　　　　　　　　　〈疑問詞＋主語＋動詞〉
　　　　　　（私はあなたがどこに住んでいるか知りません。）

2 主語＋動詞＋間接目的語＋that/whatなどで始まる節

(1) SVOO の 2 つめの O に〈that＋主語＋動詞 〜〉がくるときは，「(人) に〜ということを…する」という意味。

Mr. Brown taught us（that）English is interesting.
　　S　　　V　　O　　　　O (that節)
（ブラウン先生は英語はおもしろいということを私たちに教えてくれました。）

(2) SVOO の 2 つめの O に〈疑問詞＋主語＋動詞 〜〉がくるときは，「(人) に (疑問詞で始まる節の内容) を…する」という意味。

I will tell you what you should do next.
　S　　V　　O　　　O (間接疑問)
（次に何をするべきかをあなたに教えましょう。）

入試得点アップ

that 節を目的語にとるおもな動詞

think（思う）
know（知っている）
hope（望む）
say（言う）
I hear 〜
（〜だそうだ）

間接疑問文でよく使われる動詞

ask（たずねる，頼む）
know（知っている）
learn（学ぶ）
understand（理解する）
tell（話す，教える）
remember
（覚えている, 思い出す）

・I want to **ask** Tom why he was late for the party.
（私は，なぜパーティーに遅れてきたのか，トムにたずねたいです。）

・Do you **remember** what you did here when you were a child?
（あなたが子どものころにここで何をしたか覚えていますか。）

サクッと確認

次の英文の（　）内から最も適するものを選びなさい。

① Do you know that（Bob went, did Bob go）to Kyoto last week?　① **Bob went**

② Jane knows（when, where, what）he will leave Japan.　② **when**

③ I hope（it, that, what）you will join the party tomorrow.　③ **that**

④ Can you show me how（should I, I should）make curry?　④ **I should**

⑤ I knew when he（write, writes, wrote）this book.　⑤ **wrote**

やってみよう!入試問題

解答p.9

目標時間 10 分

　　　　分

1 次の対話が成り立つように，□にあてはまるものを**ア〜エ**から選びなさい。　〔富山〕

（On the phone）

Masaki　　　　　: I left my umbrella on the bus yesterday morning.

Bus company : ☐

Masaki　　　　　: Bus No. 12 from Sakura Station to the City Hospital.

Bus company : OK. I'll check.　　　　　　　　　　　　　　注 company 会社

ア　When did you find your umbrella?　　**イ**　Can you tell me which bus you want to take?

ウ　Where do you want to go?　　　　　　**エ**　Do you remember which bus you took?

2 正しい英文になるように，（　）内の語（句）を並べかえなさい。

(**1**) I understand (this, beautiful, is, school, why, so).　〔埼玉〕

I understand ＿＿＿＿＿＿＿＿＿＿＿＿＿＿＿＿＿＿＿＿＿＿＿＿＿.

(**2**) I want to (they, often, practice, how, know) every week.　〔岐阜〕

I want to ＿＿＿＿＿＿＿＿＿＿＿＿＿＿＿＿＿＿＿ every week.

(**3**) A：Could you tell (is, me, museum, the, where)?　〔千葉〕

B：Sorry. I can't help you because I don't live around here.

Could you tell ＿＿＿＿＿＿＿＿＿＿＿＿＿＿＿＿＿＿＿＿?

(**4**) My mother (finish, I, me, told, should, that) my homework soon.

My mother ＿＿＿＿＿＿＿＿＿＿＿＿＿＿＿＿＿ my homework soon.

(**5**) Look at Chart 2. It shows (to, many, came, from, how, Japan, foreign people) 2011 to 2018.　　　　　　　　　　　　　　　注 chart 図表 〔長崎〕

It shows ＿＿＿＿＿＿＿＿＿＿＿＿＿＿＿＿＿＿＿ 2011 to 2018.

(**6**) あなたは友だちと話すことは楽しいと思いますか。

(you, friends, think, talking, is, with, do) a lot of fun?

＿＿＿＿＿＿＿＿＿＿＿＿＿＿＿＿＿＿＿＿＿ a lot of fun?

(**7**) どの本を読んだらよいか，私に教えてくれませんか。　〔東海高〕

(should, you, book, tell, will, I, read, me, which)?

＿＿＿＿＿＿＿＿＿＿＿＿＿＿＿＿＿＿＿＿＿＿

3 次の日本文を英文に直しなさい。

だれが子どもたちの世話をするのか，だれも知りません。　〔中央大杉並高〕

＿＿＿＿＿＿＿＿＿＿＿＿＿＿＿＿＿＿＿＿＿＿＿＿＿＿＿

> 接続詞 that が省略された文。疑問文でも that 以下の語順はかわらない。

15 前置詞

時を表す前置詞，場所を表す前置詞

[月 日]

入試重要ポイント TOP3

時を表す前置詞①	時を表す前置詞②	場所を表す前置詞
〈at ＋時刻〉	from A to B	〈in ＋広い場所〉
〈on ＋曜日・日付〉	（A から B まで）	〈at ＋狭い場所〉
〈in ＋月・年・季節〉	since （〜以来）	on （〜の上に）

1 時を表す前置詞

(1) 〜に 〈**at** ＋時刻〉 **at** three（3 時に）

　　　〈**on** ＋曜日・日付〉 **on** Friday（金曜日に）

　　　〈**in** ＋月・年・季節〉 **in** April（4 月に）

(2) **A** から **B** まで **from** A **to** B　We usually work **from** 9 **to** 6.

　　　　　　　　（私たちはふつう 9 時から 6 時まで働きます。）

(3) 〜から・〜以来 **since**　He has lived here **since** last year.

　　　　　　　　　（彼は去年からここに住んでいます。）

(4) 〜まで（ずっと） **until**[**till**]

　　Please wait here **till** noon.（正午までここで待ってください。）

(5) 〜の間（期間）**for**　**for** two days（2 日間）

(6) 〜の間（特定の期間）**during**

　　during the summer vacation（夏休みの間）

2 場所を表す前置詞

(1) 〜に 〈**in** ＋広い場所〉 **in** Tokyo（東京に）

　　　〈**at** ＋比較的狭い場所〉 **at** the shop（店に）

(2) 〜の上に **on**　**on** the desk（机の上に）　**on** the wall（壁に）

(3) 〜の上に（覆うように）**over** ⇔ **under**（〜の下に）

　　Some bridges are **over** the river.

　　（川の上に橋がかかっています。）

(4) **A** と **B** の間に **between** A **and** B

(5) 〜の前に **in front of** ⇔ **behind**（〜のうしろに）

サクッと確認

次の英文の（　）内から最も適するものを選びなさい。

① School begins （at, on, in） April.　　　　　　① **in**

② She stayed in America （in, at, for） two weeks.　② **for**

③ My mother always gets up （in, at, for） six.　　③ **at**

④ There is a picture （in, at, on） the wall.　　　④ **on**

⑤ The girl sat （between, for, over） Tom and Mary.　⑤ **between**

やってみよう!入試問題

解答p.10

目標時間10分

分

1 次の英文の（ ）内から最も適するものを選びなさい。

(1) I have been in London（for, from, near, with）two weeks. 〔大阪〕

(2) *Miso* is often used（as, at, of, until）a seasoning. 囲 seasoning 調味料 〔大阪〕

(3) A new teacher came to our school. She came（but, from, so）America. 〔熊本一改〕

(4) I've seen many interesting things（before, for, since）then. 〔大阪〕

(5) One notebook and one pencil were given（with, for, by）a Japanese man. 〔京都一改〕

2 次の日本文に合うように，（ ）に適する語を書きなさい。

(1) 私は彼女のように図書館で働いてみたい。 〔長崎〕

I want to work in a library（　　　　　　）her.

(2) 最初の日に私たちは飛行機で大阪に行くつもりです。 〔長崎一改〕

On the first day, we'll go to Osaka（　　　　　　）plane.

3 次の英文の意味が通るように，（ ）に適する語を書きなさい。

(1) Thank you（　　　　　　）the water. 〔熊本一改〕

(2) *A*：Would you like some milk in your tea? 〔山形〕

B：No, thank you. I always have tea（　　　　　　）milk.

4 正しい英文になるように，（ ）内の語（句）を並べかえなさい。

(1) It（people, around, by, is, many, loved）the world. 〔兵庫〕

It _____ the world.

(2) There is a good shop in my town.（and, is, the library, it, between）the hospital.

〔青森〕

_____ the hospital.

(3) A volunteer（standing, front, of, was, in）a cage said, "They need new owners."

（1語不要） 〔福岡〕

A volunteer _____ a cage said, "They need new owners."

> 「〜のように」は前置詞の like を使う。

サクッ!と入試対策❺

解答p.10 目標時間 10分 分

1 次の英文の（ ）内の語を適する形に直しなさい。

(1) I'm tired because I have （be） busy since this morning. _____ 〔山口〕

(2) This building was （build） about fifty years ago. _____

(3) This is the best curry that I've ever （eat） in my life. _____ 〔静岡〕

2 次の2つの文がほぼ同じ意味になるように，（ ）に最も適する語を書きなさい。

(1) My brother started to sleep an hour ago, and he is still sleeping now.

My brother has （　　　　　）（　　　　　）（　　　　　） an hour.

(2) We were sad to hear the news.

The news （　　　　　）（　　　　　） sad.

(3) He went to Australia and he isn't here now. 〔実践学園高〕

He （　　　　　）（　　　　　） to Australia.

3 下の日本語を英語にするとき，次の①②に入る語を書きなさい。 〔京都〕

この田んぼは，私が子どものころからずっと私のお気に入りの場所です。

This rice field has （①　　　　　） my favorite place （②　　　　　） I was a child.

4 正しい英文になるように，（ ）内の語（句）を並べかえなさい。

(1) 私はなぜカイのおばあさんがハワイアンキルトを作るのか知りたかった。 〔大阪一改〕

I wanted to （made, Kai's, why, grandmother, know） Hawaiian quilts.

I wanted to _____ Hawaiian quilts.

(2) I'm （she, like, that, will, sure） your present.

I'm _____ your present.

(3) A：（have, many, you, been, how, times） there? 〔兵庫〕

B：Three times.

_____ there?

(4) Do （the tower, know, is, you, tall, how）? 〔長野〕

Do _____ ?

5 宿題をしているジュンに帰宅したばかりの母親が話しかけています。会話の流れに合うように3語以上の英文を書きなさい。 〔長崎一改〕

母：_____

ジュン：No, I haven't finished it yet. It's very difficult.

サクッ!と入試対策 ❻

目標時間 10 分

解答p.11

分

1 次の英文の ( ) 内から最も適するものを選びなさい。

(1) Her birthday party (holds, will hold, will be held, was held) next month. 〔大阪〕

(2) A : You started learning the piano, right? When do you have piano lessons? 〔福島一改〕

B : Well, I have piano lessons (with, for, on, under) weekends.

(3) A : Can you sing this song? 〔岩手一改〕

B : Yes. This song is often (sang, sing, singing, sung) in music class in Japan.

(4) A : Do you like this song? 〔宮城〕

B : Yes. I (am, was, has, have) loved it since I heard it for the first time.

(5) He was born in this city, and later, he was known (as, at, from, on) a great doctor. 〔山口〕

2 正しい英文になるように, ( ) 内の語 (句) を並べかえなさい。

(1) (to, showed, me, a picture, Mike) of his family. (1語不要)

_____ of his family.

(2) Can you (me, he, arrive, when, tell, will) here tomorrow?

Can you _____ here tomorrow?

(3) A : Did you know (are, Canada, and French, English, spoken in)? 〔沖縄〕

B : No, I didn't. That's interesting.

Did you know _____ ?

(4) A : (have, playing, long, you, how, been) the guitar?

B : For about two hours.

_____ the guitar?

(5) In Japan, a lot of (brought, eat, from, people, soybeans, are) other countries. 〔大阪一改〕

In Japan, a lot of _____ other countries.

(6) Do (it, which, know, old, you, how) is? (1語不要) 〔神奈川〕

Do _____ is?

(7) その山の頂上では, たくさんの星が見えます。 〔実践学園高〕

(on, the, many stars, seen, be, top, can) of the mountain.

_____ of the mountain.

3 次の日本文を英文に直しなさい。ただし, 5語以上の英文で答えること。 〔三重〕

彼の歌は多くの人に愛されています。

_____

16 分詞
分詞，名詞＋分詞〜

入試重要ポイント TOP3

現在分詞	過去分詞	名詞＋分詞＋〜
〜ing で「〜している」という意味を表す。	〜(e)d, 不規則動詞の過去分詞で「〜された」の意味。	〈分詞＋語句〉をあとに置き，うしろから名詞を修飾する。

1 分詞

(1) 現在分詞は**動詞の〜ing 形**。「**〜している**」という意味。

studying（勉強している），**running**（走っている）　など

(2) 過去分詞は，規則動詞の過去分詞（〜(e)d）と不規則動詞の過去分詞がある。「**〜された**」「**〜されている**」という意味。

used（使われた），**taken**（とられた）　など

(3) 分詞は**形容詞**の役割をして，名詞を修飾する。

a **swimming** boy　　　　　　a **broken** window
└─→ 名詞を修飾　　　　　　　　└─→ 名詞を修飾

（泳いでいる男の子）　　　　（壊された窓）

2 名詞＋分詞〜

(1) 〈分詞＋語句〉で名詞を修飾するときは，**名詞のあと**に置く。

the girl **playing the piano**　　（ピアノを弾いている女の子）
　　　　└─── うしろから名詞を修飾

the book **written in English**　　（英語で書かれた本）

(2) 文中では**主語**，**補語**，**目的語**のあとに置かれる。

The woman **standing there** is Ms. Sano.

（そこに立っている女性はサノさんです。）

Look at the bird **flying over the lake**.

（湖の上を飛んでいる鳥を見なさい。）

入試得点アップ

go 〜ing（〜しに行く）

・We will **go swimming** in the river tomorrow.
（私たちは明日，川に泳ぎに行くつもりです。）

・My mother and I **went shopping** last Sunday.
（母と私は先週の日曜，買い物に行きました。）

そのほか，

go fishing
（釣りに行く）

go skiing
（スキーに行く）

go camping
（キャンプに行く）
　　　　　　など

分詞と動名詞の区別

① a sleeping girl
（眠っている女の子）

… A girl who **is sleeping** と**現在進行形**を用いて書きかえることができるのは**現在分詞**。

② a sleeping bag
（寝袋）

… a bag for sleeping と**前置詞**を用いて「寝るための」と書きかえることができるのは**動名詞**。

サクッと確認

次の英文の（　）内から最も適するものを選びなさい。

① The boy（help, helped, helping）her is Tom.　　　　① **helping**

② This is the car（use, used, using）by Mr. Smith.　　② **used**

③ That（breaking, break, broken）watch is mine.　　③ **broken**

④ I know the man（watch, watched, watching）TV.　　④ **watching**

⑤ The picture（take, taking, taken）by Taku is beautiful.　　⑤ **taken**

やってみよう!入試問題

解答p.11　　目標時間 10 分　　　　分

1 次の英文の（　）内から最も適するものを選びなさい。

(1) 窓のそばに座っている少女は私の友達です。　　　　　　　　　　　　　〔大阪〕

The girl（sit, sat, sitting）by the window is my friend.

(2) I took them in a small village（call, calls, called, to call）Giverny.　　〔大阪〕

(3) This is a *Bunraku* puppet（wear, wears, wearing, is wearing）a very beautiful *kimono*.

注 puppet 人形　〔大阪〕

(4) *A :* Why do we learn English?　　　　　　　　　　　　　　　　　　〔宮城〕

B : Because it's the language（use, uses, used, using）by many people all over the world.

2 次の英文の（　）内の語を適する形に直しなさい。

(1) We will meet my friend（live）in Osaka on that day.　＿＿＿＿＿＿　〔宮崎〕

(2) The pictures（take）by him were very beautiful.　＿＿＿＿＿＿　〔沖縄—改〕

(3) This is a thank-you letter（write）by one of them.　＿＿＿＿＿＿　〔新潟〕

3 正しい英文になるように，（　）内の語を並べかえなさい。

(1) It was the（running, a, of, boy, picture）along the river.　　　　　　〔広島〕

It was the ＿＿＿＿＿＿＿＿＿＿＿＿＿＿＿＿＿＿＿＿ along the river.

(2) I like Natsume Soseki.（him, written, book, by, this）is the most interesting to me. 〔福島〕

＿＿＿＿＿＿＿＿＿＿＿＿＿＿＿＿＿＿ is the most interesting to me.

(3) *A :* What is *kendama*?　　　　　　　　　　　　　　　　　　　　　〔岐阜—改〕

B : It is one of the most（in, games, Japan, interesting, played）.

It is one of the most ＿＿＿＿＿＿＿＿＿＿＿＿＿＿＿＿＿＿＿＿.

(4) I'm reading "Rashomon." This is one of the famous books（many, are, people, by, read）in Japan.（1 語不要）　　　　　　　　　　　　　　　　　　〔沖縄〕

This is one of the famous books ＿＿＿＿＿＿＿＿＿＿＿＿＿＿ in Japan.

(5) Who（listening, the, listened, is, girl, tall）to music over there?（1 語不要）〔神奈川〕

Who ＿＿＿＿＿＿＿＿＿＿＿＿＿＿＿＿＿＿ to music over there?

「それは日本でされている最もおもしろい遊びのうちの1つです。」

17 関係代名詞 ①
主格who・which, that

[　　月　　日]

入試重要ポイント TOP3

関係代名詞	主格who・which	主格that
2つの文をつなぐ接続詞と代名詞の2つの役割をする。	先行詞が「人」なら who，「人以外」なら which。	先行詞が「人」でも「人以外」でも使用できる。

1 主格who・which

(1) 関係代名詞は2つの文をつなぎ，関係代名詞以降の語句は直前にある名詞（**先行詞**）を修飾する役割をする。

The boy is Tom. + He came here yesterday.

⇒ The boy who came here yesterday is Tom.
　　　　　└─────────┘ who ～が The boy を修飾

（昨日ここへ来た少年はトムです。）

(2) 先行詞が「人」なら **who**，「人以外」なら **which** を用いる。

The book which was written by the writer is very interesting.
　　　　└──── 先行詞 The book は「人以外」なので，which を使う

（その作家によって書かれた本はとてもおもしろいです。）

2 主格that

関係代名詞の主格には who，which 以外に **that** がある。先行詞が「人」の場合にも「人以外」の場合にも用いることができる。

She is the teacher that teaches us English.
　　　　「人」└──────┘（主格）

（彼女は私たちに英語を教える先生です。）

The bike that is in front of the house is my brother's.
「人以外」└──────┘（主格）

（家の前にある自転車は弟のものです。）

入試得点アップ

関係代名詞 that の用法

関係代名詞に that が好まれる場合

① 先行詞が〈人＋人以外〉

・ Look at the boy and the dog that are running around the park.

（公園の周りを走っている男の子とイヌを見なさい。）

② 先行詞に the first や the only が含まれている

・ He is the only boy that can play the guitar in my class.

（彼は私のクラスでギターを弾ける唯一の男の子です。）

③ 先行詞に最上級が含まれている

・ He is the most famous artist that was born in Japan.

（彼は日本で生まれたいちばん有名な芸術家です。）

④ 先行詞に all が含まれている

・ All the people that saw the movie felt happy.

（その映画を見たすべての人々が幸せに感じました。）

サクッと確認

次の英文の（　）内から最も適するものを選びなさい。

① The boy (who, which, he) can play the guitar well is Tom.　① **who**

② This is the pen (who, which, it) is used by Mary.　② **which**

③ This is the woman (she, which, that) helped me yesterday.　③ **that**

④ The man who (watch, was, is watching) TV is my father.　④ **is watching**

⑤ The cats which (is, was, were) sleeping by the tree were cute.　⑤ **were**

やってみよう!入試問題

解答p.12　　目標時間 10 分　　　分

1 次の英文の（　）内から最も適するものを選びなさい。

(1) Do you know the word *omotenashi*? It's a Japanese word （it, something, that, who） means good service.　〔静岡〕

(2) I bought a book （which, who, it, and） told me how to cook Chinese food.　〔秋田〕

2 次の日本文に合うように，（　）に適する語を書きなさい。

職員の方が図書館の利用法について説明してくださいます。　〔長崎一改〕

The person （　　　　　　） works in the library will tell us how to use it.

3 正しい英文になるように，（　）内の語（句）を並べかえなさい。

(1) Junior high school students （in, who, are, join, interested, science and math） the contest.　〔兵庫〕

Junior high school students _____ the contest.

(2) Many （take, who, Kumanokodo, visit, people） their garbage home.　〔和歌山〕

Many _____ their garbage home.

(3) I want to （are, who, people, in, help） trouble.　〔千葉〕

I want to _____ trouble.

(4) We will do that with （near, live, our, school, who, people）.　〔兵庫一改〕

We will do that with _____ .

(5) Is （the bus, goes, which, this） to the airport?　〔徳島〕

Is _____ to the airport?

(6) It was hard （could, find, for, someone, them, to, who） help them.　〔京都〕

It was hard _____ help them.

(7) A : Do you know who he is?　〔高知一改〕

B : He is （who, popular, a soccer player, is, among） girls.

He is _____ girls.

(8) Can （trains, you, which, train, see, the） is leaving the station?（1語不要）　〔神奈川〕

Can _____ is leaving the station?

> 「彼らにとって，彼らを助けてくれるだれかを見つけることは難しかった。」と考える。

18 関係代名詞 ②
目的格which, that

[　　月　　日]

入試重要ポイント TOP3

| 目的格which 先行詞が「人以外」のときに用いる。 | 目的格that 先行詞が何であっても用いることができる。 | 目的格whom 先行詞が「人」のときに用いられる。 |

1 目的格 which

先行詞が〈関係代名詞＋主語＋動詞～〉の目的語になるとき，関係代名詞は**目的格**である。この**先行詞が「人以外」**のとき，関係代名詞は **which** を用いる。

This is the book. + I bought it yesterday.
└→目的語の it を関係代名詞にかえて文をつなぐ

This is the book which I bought yesterday.
　　　　　　　　　（目的格）

（これは私が昨日買った本です。）

2 目的格 that

関係代名詞が**目的格のとき，that** は先行詞が「人」，「人以外」のどちらの場合にも用いられる。

He is the man that I saw at the station yesterday.
　　　「人」　　　　　（目的格）

（彼は私が昨日駅で会った男性です。）

The picture that he is looking at is very famous.
「人以外」　　　　　（目的格）

（彼が見ている絵はとても有名です。）

先行詞が「人」のとき，目的格の関係代名詞に whom を用いることがある。

She is the woman whom I helped.
　　　「人」　　　　　（目的格）

（彼女は私が助けた女性です。）

入試得点アップ

目的格の関係代名詞は省略できる

- The language John speaks is English.
（ジョンが話す言語は英語です。）
★ language と John の間に関係代名詞 which[that] が省略されている。

that の識別

★省略できない that
代名詞「あれ，あの」
- Look at **that**.
（あれを見なさい。）

★省略できる that
接続詞「～ということ」
- I think (**that**) he is a teacher.
（私は，彼は先生だと思います。）

★目的格の場合のみ省略できる関係代名詞 that
- This is the car (**that**) my father drives every day.
（これは私の父が毎日運転する車です。）

サクッと確認

次の英文の（　）内から最も適するものを選びなさい。

① The computer （which, who, whom） I use is on the table.　① **which**

② The lady （that, which, she） you met yesterday is Nancy.　② **that**

③ You saw the pictures （that I took them, that I took） in London.　③ **that I took**

④ This is a boy （what, that, which） she knows well.　④ **that**

⑤ I have a brother （that, which, whose） everyone loves.　⑤ **that**

やってみよう!入試問題

目標時間 10 分

分

1 次の日本文の意味になるように，（ ）内の語を並べかえなさい。

(1) あなたは他国を訪れることによって知らなかった多くのことを学ぶだろうと，私は思います。 〔大阪〕

I think you will learn many (visiting, you, things, know, did, by, not) other countries.

I think you will learn many _____

other countries.

(2) 彼らは生活の中で必要なものを作るのに和紙を使った。 〔大阪〕

They used *washi* to (needed, make, they, in, things) their life.

They used *washi* to _____ their life.

2 正しい英文になるように，（ ）内の語（句）を並べかえなさい。

(1) A : Are you sure (this, you, book, is, the) left on the train? 〔千葉〕

B : Of course I am. It's mine.

Are you sure _____ left on the train?

(2) It's the (to, place, want, you) visit, isn't it? 〔大分〕

It's the _____ visit, isn't it?

(3) I like her cakes because (cakes, makes, she, the) are delicious. 〔新潟〕

I like her cakes because _____ are delicious.

(4) This is (that, the, I, book, read, have to) for homework. 〔山形〕

This is _____ for homework.

(5) A : Do you like this picture? 〔神奈川一改〕

B : Yes. I think it's the (I've, most, ever, picture, beautiful) seen.

I think it's the _____ seen.

(6) (me, one, my uncle, gave, is, the watch) of my treasures. He bought it for me as a birthday present. 〔兵庫〕

_____ of my treasures.

(7) What (the, you, thing, usually, is) do in your free time? 〔青森一改〕

What _____ do in your free time?

「それは今まで見た中で最も美しい写真だと私は思う。」と考える。

19 仮 定 法
仮定法の形（仮定法過去），I wish 〜.

入試重要ポイント TOP3

仮定法の形	couldとwould	「〜だったら」
If 〜やI wish 〜では，(助)動詞の過去形を使う。	can の過去形は could，will の過去形は would。	be 動詞は主語に関係なく were を使うことが多い。

1 仮定法の形（仮定法過去）

(1)「もし〜するなら…だろうに」は〈**If** ＋主語＋動詞の過去形 〜, 主語＋助動詞の過去形＋動詞の原形 ….〉で表す。現在の事実と異なることを示す。

If I lived near the sea, I could go there every day.
　　　動詞の過去形　　　　　　　　助動詞の過去形
（私が海の近くに住んでいたら，毎日そこへ行けるのに。）
　└→ 現実は海のそばに住んでいないので，毎日は行けない状況

(2)「もし〜なら…だろうに」は，〈**If** ＋主語＋ **were** 〜, 主語＋助動詞の過去形＋動詞の原形 ….〉で表す。be 動詞は主語に関係なく were を使うことが多い。

If I were you, I would practice harder.
　　　動詞の過去形　　　助動詞の過去形
（私があなたなら，もっと熱心に練習するだろうに。）

2 I wish 〜.

「〜であればよいのに」は，〈**I wish** ＋主語＋動詞の過去形 〜.〉や〈**I wish** ＋主語＋助動詞の過去形＋動詞の原形 〜.〉で表す。現実と異なる願望を示す。

(1) **I wish I were good at math.**
　（数学が得意であればいいのになあ。）

(2) **I wish I had my own piano.**
　（自分のピアノがあればいいのになあ。）

(3) **I wish I could run fast like him.**
　（彼のように速く走ることができればいいのになあ。）

入試得点アップ

ふつうの if 〜の文と仮定法過去の文

・ふつうの if 〜の文では，未来のことも現在形で表す。
If I **am** free tomorrow, I **will** go shopping.
（もし明日ひまなら，買い物に行きます。）
↑明日はひまで，買い物に行ける可能性があると考えている。

・仮定法過去の if 〜では，動詞は過去形。
If I **were** free tomorrow, I **would** go shopping.
（もし明日ひまなら，買い物に行くだろうに。）
↑明日はひまではなく，買い物に行ける可能性がほとんどないと考えている。

I 以外の主語

I wish のあとに I 以外の主語がくる場合もある。

・I wish **it** were sunny.
（晴れていたらいいのに。）
・I wish **he** would help me.
（彼が手伝ってくれたらいいのに。）

サクッと確認

次の英文の（ ）内から最も適するものを選びなさい。

① I wish Emi（live, lives, lived）near my house.　　　① <u>lived</u>

② If I（have, has, had）time, I could help you.　　　② <u>had</u>

③ I wish my brother（is, are, were）here with me.　　　③ <u>were</u>

④ If it is fine tomorrow, I（will, would）go swimming.　　　④ <u>will</u>

⑤ I wish I（can, could）speak English well.　　　⑤ <u>could</u>

やってみよう!入試問題

解答p.13

⏱ 目標時間10分

□ 分

1 次の日本文に合うように,（　）に適する語を書きなさい。

(1) もし私が医者なら，病気の人々を助けられるのに。

（　　　　　）I（　　　　　）a doctor, I（　　　　　）help sick people.

(2) ネコを飼っていればいいのになあ。

I（　　　　　）I（　　　　　）a cat.

2 次の2つの文がほぼ同じ意味になるように,（　）に最も適する語を書きなさい。

(1) My father can't take us to the sea because he doesn't have a car.

If my father（　　　　　）a car, he（　　　　　）take us to the sea.

(2) I'm sorry that she isn't my sister.

I wish（　　　　　）（　　　　　）my sister.

3 正しい英文になるように,（　）内の語（句）や符号を並べかえなさい。

(1) エミ（Emi）と同じくらい上手に踊ることができればいいのに。

(as well as, Emi, wish, could, I, dance, I).

_____

(2) ケンは勉強したら，試験に合格できるのに。

(pass, Ken, he, if, the exam, could, studied, ,).

_____

(3) (baseball player, I, I, a, were, wish, good).

_____

(4) (I, an umbrella, lend, I, if, would, had, ,) it to you.

_____ it to you.

(5) (my mother, I, would, wish, buy, will, me) a new computer. （1語不要）

_____ a new computer.

(6) If I (know, cook, how, could, knew, to, make, I, ,) you dinner. （1語不要）

If I _____ you dinner.

4 次の日本文を英文に直しなさい。

(1) もし私があなたなら，そのかばんは買わないでしょう。

_____

(2) ピアノをひくことができたらいいのに。

_____

> 「彼女が私の姉［妹］でなくて残念です。」→彼女は私の姉［妹］ではないという現実

サクッ!と入試対策 ❼

解答p.13　　　目標時間10分　　分

1 次の英文の（　）内から最も適するものを選びなさい。

(1) I couldn't answer the question （asks, asking, will ask, asked） by the teacher.　〔神奈川〕

(2) This is a camera （what, it, who, which） is popular in Japan.　〔神奈川〕

(3) I wish he （go, goes, can go, could go） to the park with me.

2 正しい英文になるように，（　）内の語（句）を並べかえなさい。

(1) Do you know that （a, boy, reading, book） under the tree?　〔徳島〕
Do you know that _____ under the tree?

(2) Do you （who, teach, someone, know, can, me） Chinese?　〔山形〕
Do you _____ Chinese?

(3) It was an article （built, buildings, about） in a hot country.　〔新潟〕
It was an article _____ in a hot country.

(4) In Africa, the number of children （at school, becoming, than, is, larger, studying） before.　〔京都〕
In Africa, the number of children _____ before.

(5) This is （when, I, to, the, liked, book） I was a child. （1語不要）　〔神奈川〕
This is _____ I was a child.

3 次の日本文の意味になるように，（　）内の語（句）を並べかえなさい。

(1) もし私が東京に住んでいれば，姉を手伝うことができるのに。（コンマを補う）
（I, help, lived, could, in, I, if, Tokyo） my sister.
_____ my sister.

(2) 私が買いたかった唯一のものは，ホットコーヒーでした。　〔中央大杉並高〕
（hot coffee, buy, was, wanted, the only thing, I, to, that）.
_____

(3) ピカソによって描かれたその絵は，世界で最も値段の高い作品の1つです。　〔中央大杉並高〕
（Picasso, the picture, the, is, by, expensive, of, painted, painting, works, most, one） in the world. （1語不要）
_____ in the world.

45

サクッ!と入試対策 ❽

解答p.14　　⏱ ⟨10⟩　　目標時間 10 分

　　　分

1 次の英文の（　）内から最も適するものを選びなさい。

(1)〔After school〕　　　　　　　　　　　　　　　　　　　　　　　　　　　　　　　　　〔福島〕

　　A：Who's this woman in this picture?

　　B：This is my sister（to work, works, working, worked）in China.

(2) If I（have, has, had）a lot of money, I would give her some money.

(3) I wish I（am, were, be）a doctor.

(4) The book（chose the teacher, the teacher chose, the teacher chose it, which chose the teacher）was too difficult for the students.　　　　　　　　　　　　　〔中央大杉並高〕

(5) After coming back with the cards, Ann showed them to Misaki and told her some English expressions（use, uses, used, using）on Christmas cards.　　　　　　　　　〔広島〕

2 正しい英文になるように，（　）内の語（句）を並べかえなさい。

(1) This（a picture, taken, my brother, is, by）.　　　　　　　　　　　　　　　　〔富山〕

　　This _____.

(2) Is this（for, pen, you're, the, looking）?　　　　　　　　　　　　　　　　　　〔宮崎〕

　　Is this _____?

(3)（sunny, practice, if, I, could, were, it, soccer）.（コンマを補う）

　　_____

3 次の日本文の意味になるように，（　）内の語（句）を並べかえなさい。

彼女は子どものころ，子ども向けに書かれた短い物語を読むのが好きだった。　　　　〔長崎〕

When she was a child,（short stories, liked, written for, reading, small children, she）.

When she was a child, _____

_____.

4 次の日本文を英文に直しなさい。

お茶を飲んでいる男性は私の弟です。　　　　　　　　　　　　　　　　　　　　　　〔愛媛〕

_____

20 長文読解 ①
英問英答，文挿入

入試重要ポイント TOP3

英問英答①	英問英答②	文挿入
疑問詞のない疑問文には Yes か No で答える。	疑問詞＋疑問文には肯定文で答える。	冠詞 (a, an, the) や, too, also などに注目する。

1 「英問英答」の解き方

問いの英文によって答え方が異なるので，**問いの英文の種類を見分けてから答えの英文を考える。**

(1) ふつうの疑問文（Yes，No で答える疑問文）

Do で聞かれたら，do で答えるなど，**疑問文の形に合わせる。**

例：**Does** Ken play tennis? ― **Yes**, he **does**. / **No**, he **doesn't**.

ほかに，Do, Did, Is, Are, Can, Will, Have などから始まる疑問文があてはまる。

(2) 疑問詞を使った疑問文

疑問詞を使った疑問文にはふつう，**〈主語＋動詞〉がある文**で答える。

Q：**When** did Bob play the guitar?

（ボブはいつギターを弾きましたか。）

A：**He played it** yesterday.
　　└〈主語＋動詞＋答え 〜〉

（彼は昨日，それを弾きました。）

答えの文では主語や目的語は**代名詞**にかえる。

動詞の**時制**に注意する。

2 「文挿入」の解き方

文章中から挿入する文中にある動詞や名詞と同じものを探し，前後関係を整理する。

(1) 挿入する文に「〜も（また）」の意味を表す，〜, too や also があれば，**同じテーマの部分**を探す。その文の前後に挿入する文が続くことになる。

(2) 挿入する文の**冠詞**（a, an, the）に注目する。

〈a, an ＋名詞〉があれば，その名詞は話題の中に**新しく登場した語**→文中にある，その名詞よりも前に挿入

〈the ＋名詞〉があれば**すでに話題に出ている語**→文中にある，その名詞よりも後に挿入。

入試得点アップ

注意すべき答えの形

① 疑問詞が主語の疑問文

・ Who **was** cleaning his room then?

（だれがそのとき彼の部屋のそうじをしていましたか。）

―Mary **was**.

（メアリーです。）

・ Who **broke** the dish?

（だれがその皿を割りましたか。）

―Bob **did**.

（ボブです。）

★ 一般動詞の文は do, does, did を使って答える。

② Why 〜? の疑問文

★ 〈Because ＋主語＋動詞 〜.〉

・ Why was Jack absent from school yesterday?

（なぜジャックは昨日学校を休んでいたのですか。）

―**Because** he had a cold.

（彼は風邪をひいていたからです。）

★ 〈To ＋動詞の原形 〜.〉

・ Why did the students go to Australia?

（なぜ生徒たちはオーストラリアに行ったのですか。）

― (They went there) **To study** English.

（英語を勉強するためです。）

やってみよう!入試問題

解答p.14　　⏱⑩　目標時間10分　　　　分

1 次の英文を読んで，あとの問いに答えなさい。　　〔山口一改〕

Kazuki is a junior high school student. In early July, he was looking for something to do during summer vacation. One day, he read about the Little Teacher Program in the school newspaper. In the program, junior high school students help young children with their homework. He decided to join this program as a volunteer. （　ア　）

On the first day of the program, Kazuki met a boy. His name was Ryo. He was in the fifth grade. After they talked about their favorite things, Ryo started answering arithmetic questions. About ten minutes later, he asked Kazuki for help. Kazuki knew the answer and explained how to get it to Ryo. But Ryo couldn't understand. Kazuki thought he could change his way of teaching.

At home, Kazuki tried to find a better way to teach Ryo, but he couldn't find it for a long time. （　イ　）Then he got an idea: to look at his arithmetic notebook that he used when he was in the fifth grade. When he looked at the notebook, he found it had a lot of figures which explained how to answer arithmetic questions. He thought, "These kinds of figures helped me a lot then. So Ryo will need them to find the answer, too. I should remember he's only eleven years old." Then Kazuki prepared for Ryo.

On the next day, Kazuki taught Ryo with the figures. Ryo said, "I got the answer! These figures are great!" Then Ryo answered more questions in the same way. Kazuki felt confident about teaching. （　ウ　）At night, Kazuki opened his notebook again.

On the last day, Ryo finished his homework. They were very happy. Then, Ryo's mother came to Kazuki and said, "Thank you very much. （　エ　）He always said he liked your way of teaching. You helped him a lot." Kazuki was happy to hear that. The Little Teacher Program was useful for him.

(注)　early July 7月上旬　program プログラム　help ～ with ... ～が…するのを手伝う
　　　in the fifth grade 小学5年生で　arithmetic 算数の　ask ～ for help ～に助けを求める
　　　figures 図，図形など　prepare 準備をする　confident 自信がある

(1) 次の英文が入る最も適する箇所を，本文中の**ア～エ**から選び，記号で答えなさい。
　　He also began to enjoy teaching Ryo.　　　　　　　　　_____

(2) 次の(a)～(c)の質問に対する答えとして，本文の内容に合う最も適するものを，**ア～エ**から1つずつ選び，記号で答えなさい。

　　(a)　What did Kazuki do during his summer vacation?　_____
　　　　ア　He finished his homework at school.　**イ**　He read the newspaper every morning.
　　　　ウ　He joined the Little Teacher Program.　**エ**　He helped his family a lot every day.

　　(b)　How did Kazuki teach Ryo on the second day of the program?　_____
　　　　ア　He explained with figures.　　　　　**イ**　He showed Ryo the answer first.
　　　　ウ　He made some arithmetic questions.　**エ**　He wrote the answer with a red pen.

　　(c)　How did Ryo's mother feel about Kazuki on the last day?　_____
　　　　ア　He needed to teach Ryo better.　　　**イ**　He was a good teacher for Ryo.
　　　　ウ　He was as young as Ryo.　　　　　　**エ**　He didn't prepare well for Ryo.

21 長文読解②
記述問題，内容一致問題

［　　月　　　日］

入試重要ポイント TOP3

記述問題①	記述問題②	内容一致
理由説明の問題は，so と because に注目。	代名詞の問題は直前の名詞に注目。	問いから目を通し，間違い探しをする。

1 「記述問題」の解き方

(1) 下線部などの理由を説明するとき

　理由を説明する問題は，下線部分の前後にある **because 〜**（なぜなら〜）や**〜, so**（〜，だから）などの，理由を説明する語句に注目する。

(2) 指示語（代名詞など）が指す内容を答えるとき

　・指示語の直前の名詞に注目する。

　　→指示語が**単数形なら単数の名詞，複数形なら複数の名詞**

　・〈it 〜 for − to …〉の文

　　→ it はそのあとにある **to …** を指すことが多い。

　・**代名詞の that は直前の「文全体の内容」**を指すことがある。

Jiro won the soccer game yesterday. I'm happy to hear **that**.

（ジロウは昨日，サッカーの試合で勝ちました。私はそれを聞いてうれしいです。）

　→この that は「ジロウが昨日サッカーの試合で勝ったこと」を指す。

2 「内容一致」の解き方

(1) まず**選択肢の英文**を読む

　本文に出てきた単語に印をつけるとよい。

(2) 選択肢の内容が書かれている場所を本文から探す

　内容一致の選択肢は，本文に出てくる順番に並べられていることが多い。

　→本文との正誤判断を段落ごとなどにしていくと，より解きやすくなる。

(3) **間違い探し**をする

　選択肢の英文と本文を細かく見比べる。

　→〈主語〉〈動詞〉のほか，〈場所を表す語句〉〈時を表す語句〉などに区切って確認するとよい。

入試得点アップ

長文の中にある並べかえ問題

・日本語が与えられていないときの考え方

① 文脈からどのような内容になるか想像する。

② （　）の外にある語（句）を確認する。

③ （　）の中の単語でまとめられる語句を見つける。

〈例題〉

It's about time for sleeping. It's (to, for, important, us) get enough sleep.

注目するポイント

① 直前に time for sleeping「寝る時間」とある。

② It's と get enough sleep が（　）の外にある。

③ （　）の中の for と us をまとめる。

★ It is … for − to 〜 の文を組み立てると考える。

　get は〈to ＋ 動詞の原形〉として使う。形容詞 important ＝「大切な」は，It's important とつなぐ。

〈解答〉

It's (important for us to) get enough sleep.

「十分睡眠をとることは私たちにとって大切です。」

49

やってみよう! 入試問題

解答p.15　目標時間10分　　分

1 次の英文は、博 (Hiroshi) が、食料自給率 (food self-sufficiency rate) について、グラフ (Graph) と表 (Table) を作り、英語の授業で発表したときのものです。これを読んであとの問いに答えなさい。

〔岐阜—改〕

I made *okonomiyaki* with my mother last week. While we were cooking, she said, "Do you think *okonomiyaki* is Japanese food?" I answered, "Of course!" Then she said, "You are right, but some of the ingredients come from other countries. For example, the pork and the shrimps that we're using now are imported from overseas. We depend on foreign countries for a lot of ingredients." Then I remembered the word 'food self-sufficiency rate'. I learned at school that Japan's food self-sufficiency rate is less than half.

Then, where does the food we eat come from? Look at the two graphs first. You can see that we import pork and shrimps from these countries. The left graph shows that about half of pork is imported from America and Canada. When you look at the right graph, you can see shrimps come from some countries in Asia. I was surprised that we import them from so many different countries.

Now look at the table. This is about the food self-sufficiency rate of four countries in 1963 and 2013. You can see that the food self-sufficiency rate of Canada is the highest both in 1963 and 2013. And in 2013, the rate of France and America is about the same, though the rate of America is higher than the rate of France in 1963. When you compare the rate in 1963 and 2013, only the rate of Japan gets smaller from 1963 to 2013. The table shows that Japan imports about 60% of food from foreign countries in 2013. If we cannot import any food, we may have a difficult time.

I thought *okonomiyaki* was 'Japanese' food. ① But you can also say it is 'international' food. I guess there are many other things we import. So when you go to a supermarket next time, why don't you check where they come from?

Graph

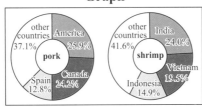

Table

Country	1963	2013
A	161%	264%
B	120%	130%
C	98%	127%
D	72%	39%

(注) ingredient 材料　pork 豚肉　shrimp エビ　import 輸入する　Vietnam ベトナム　Indonesia インドネシア

(1) Table の　C　に入る最も適切なものを、ア〜エから1つ選び、符号で答えなさい。

　　ア　America　　イ　Canada　　ウ　France　　エ　Japan　　_____

(2) 下線部①について、このように言えるのはなぜか。その理由を日本語で書きなさい。

_____

(3) 本文の内容に合っているものを、ア〜エから1つ選び、符号で答えなさい。

　　ア　Hiroshi found that Japan imports pork and shrimps from many different countries.
　　イ　Hiroshi learned about 'food self-sufficiency rate' from his mother.
　　ウ　The right graph shows that we import about half of shrimps from Vietnam.
　　エ　The table shows the percentage of pork and shrimps that the four countries import.

サクッ！と入試対策 ❾

解答p.15〜16

目標時間10分

分

1 中学生のカオリ（Kaori）さんは同じクラスのユウジ（Yuji）さんやほかの生徒と共に，修学旅行（the school trip）で東京を訪れています。次の英文は旅行先での生徒の様子を描いたものです。これを読んであとの問いに答えなさい。

〔山形〕

　One night of their school trip, Kaori's class was on a big ship. The students were going to have dinner and watch a show in the hall of the ship. They were waiting by the door. Kaori was talking with Yuji about the dinner. A young woman came and said to them, "Hello. Are you junior high school students? Where are you from?" "Yamagata-ken," Kaori answered. "I guessed so. I heard your voices. I love your dialect," the woman said. Just then, a man came out of a room near them and said, "It's time. ①<u>Please get ready.</u>" "OK. I will," the young woman answered. She said to Kaori, "I live in Tokyo now, but I am from Yamagata-ken, too. Enjoy your dinner." The young woman entered the room. Kaori and Yuji wondered, "Who is she?"

　The dinner started. There were many people at tables in the hall. Some were from foreign countries. The students sat down at their tables. After a while, a man came in and sat down at the piano in the hall. Then, the hall got dark. A light showed a young woman in a beautiful dress. She was standing by the piano. （　1　） "That woman!" Kaori was surprised. "She talked to us before dinner," she said to Yuji next to her. Yuji was also surprised. （　2　） Everyone looked at the woman. The man began to play the piano and the woman began to sing. The song sounded sweet. （　3　） After the song, she said, "Good evening. My name is Emi. Nice to see you here." Then, she sang a few more Japanese songs. （　4　） However, they were charmed by her beautiful voice.

　After that, ②<u>Emi spoke to the audience.</u> She talked about coming from Yamagata-ken after finishing high school, living alone in Tokyo, and the difficult experiences in her job. But she said that she was happy because she could give people joy by singing. She said, "Today, junior high school students came here from my home, Yamagata-ken. I really love my home. It is always in my heart and I will return someday." The last song Emi sang was a Japanese song called "Furusato". Through the song, Kaori felt how much Emi loved her home. When the song ended, Emi smiled and went out. Some of the foreign people were crying and said, "Wonderful!" No one stopped clapping.

　The next day, Kaori's class visited the Diet Building. When they were at the gate, they saw a large garden. Mr. Suzuki, their homeroom teacher, said, "This garden has trees presented by the prefectures. Can you find the tree of Yamagata-ken?" The students were surprised to hear this. Kaori looked at the garden for a while and said, "Look!" Next to the sign of Yamagata-ken, there was a tree with many cherries. The students got together around the tree. Yuji said to Kaori, "I never thought that we could see cherries on a tree in Tokyo." "That's true," Kaori agreed. Suddenly, she remembered Emi. "This tree is doing its best in Tokyo, too," she said. The tree looked like Emi, the singer doing her best far away from her home.

(注) dialect 方言　charmed 魅了された　clap 拍手する　the Diet Building 国会議事堂
the prefectures 都道府県　sign 標示　cherry サクランボ

(1) 下線部①について女性が部屋に入ったのは，何の準備をするためだと考えられますか。日本語で書きなさい。

_____

(2) 次の英文を，本文の流れに合うように入れるとすればどこに入れるのがよいですか。
（　1　）～（　4　）から1つ選びその番号で答えなさい。　　　_____
The students didn't know those songs.

(3) 下線部②について，カオリさんはエミ（Emi）さんが話したことを，次のようにまとめました。本文の内容に合うように空欄（　X　），（　Y　）に入る日本語を書きなさい。
　　エミさんは，高校卒業後に山形県から来たことや，東京での一人暮らし，そして彼女の仕事での（X　　　　　　　）について話したが，彼女は（Y　　　　　　　　　）ので，幸せだと言った。

(4) 本文の内容に合うように，次の問いに英語で答えなさい。
　①　Did Emi think that Kaori and Yuji were from Yamagata-ken?

　　_____

　②　What did Kaori feel when she listened to Emi's last song that night?

　　_____

(5) 次の英文ア～オは，それぞれ本文の内容の一部です。ア～オを，本文の流れに合うように並べかえ，記号で答えなさい。　（　　）→（　　）→（　　）→（　　）→（　　）
　　ア　A woman in a beautiful dress began to sing after the hall got dark.
　　イ　Students sat down at their tables in the hall when the dinner started.
　　ウ　When Kaori saw a tree with cherries in the garden, she remembered Emi.
　　エ　A woman talked to Kaori and Yuji, but they didn't know her.
　　オ　Emi smiled and went out of the hall after she finished singing songs.

22 リスニング ①

質問に対する答えを英文から選ぶ問題
対話の場面の絵を選ぶ問題

入試重要ポイント TOP3

共通点を探す	場面を予想する	質問を予想する
選択肢をよく見て，同じところ，違うところを確認する。	どこにいるか，どんな場面かを想像する。	選択肢の英文や絵から聞かれることを予想する。

1 質問に対する答えを英文から選ぶ問題

対話文や短い文章が読まれ，そのあとに質問が続く問題形式。

選択肢を先に見ることができる場合は，**選択肢の英文の違いを確認する**。**場所，人，時刻**など，聞き取るポイントをしぼって聞く。

例えば，こんな選択肢が先に見られる問題では…

> ア　On Sunday.　イ　On Monday.　ウ　On Friday.　エ　On Saturday.

すべて**曜日**なので，**曜日**に関する語句に注意して聞き取る。

2 対話の場面の絵を選ぶ問題

選択肢の絵を先に見て，**聞かれることを予想する**。

例えば，こんな選択肢が先に見られる問題では…

ア 　イ 　ウ 　エ

すべて「場所」を示しているので，絵にある場所（**ア** park，**イ** library，**ウ** school，**エ** shop [store]）などの語に注意して聞き取る。

サクッと確認

次の英文を聞いて，最後の質問に対する答えとして最も適するものを，**ア〜エ**の中から1つ選び，その記号を答えなさい。

〔徳島〕

ア 　イ 　ウ 　エ

<u>エ</u>

放送内容：This morning, Tom left home for school at seven thirty. It took twenty minutes. What time did he arrive at school?

（今朝，トムは7時30分に学校に向けて家を出発しました。20分かかりました。彼は学校に何時に着きましたか。）

やってみよう!入試問題

解答p.16

 目標時間10分

　　　　分

1 　4つの対話を聞いて，それぞれの問いの答えとして最も適するものをア～エの中から1つずつ選びなさい。〔山口〕

(1)　ア　By bike.　　　イ　By train.　　　ウ　By bus.　　　エ　By car.

(2)　ア　Because he wants to see Kate.　　　イ　Because he wants to find a job.
　　　ウ　Because he wants to live in Japan.　　エ　Because he wants to visit his friends.

(3)　ア　Carry the books.　　　　イ　Open the door.
　　　ウ　Buy the books.　　　　エ　Leave Yuka's classroom.

(4)　ア　The movie.　　　　　　イ　The sports program.
　　　ウ　The news program.　　エ　The animal program.

2 　放送される英文の内容と一致するものをア～エの中から1つ選びなさい。〔鳥取〕

ア　　イ　　ウ　　エ

3 　対話文が読まれたあとに質問します。その質問の答えとして最も適するものをア～エの中から1つ選びなさい。〔山形〕

ア　　イ　　ウ　　エ

23 リスニング②

英文が説明する絵を選ぶ問題
絵を見て，英文の正誤を選ぶ問題

関連語に注意
hospital → nurse のように，関連語から答えを予想する。

情報を整理する
絵の中の情報をできるだけ多く読み取る。

比較表現に注意
高さや長さが少しずつちがう絵では比較表現に注意。

1 英文が説明する絵を選ぶ問題

それぞれの絵の特徴を読み取り，**絵から予想できる語句を考える。**

ア 　　イ 　　ウ 　　エ

職業についての質問だと考えられる。　英文に出てきそうな語句は，**ア** fire, **イ** teach, school, **ウ** hospital, **エ** help people など。

2 絵を見て，英文の正誤を選ぶ問題

絵を先に見て，**聞かれることを予想する。**

背の高さ，人数，立っている位置（「〜のとなり」「〜と…の間」）などを表す語句に注意して聞き取る。

サクッと確認

次の英文を聞いて，最後の質問に対する答えとして最も適するものをア〜エの中から１つ選び，その記号を答えなさい。　〔大分〕

ア　　　　　イ　　　　　ウ　　　　　エ

エ

放送内容：This is a picture of Lisa's house. Look! You can see two trees by her house. One tree is taller than the house and the other is not as tall as the house.

Q：Which picture shows Lisa's house?

（これはリサの家の写真です。見てください。あなたは家のそばに２本の木を見ることができます。１本は家より背が高く，もう１本は家ほど高くありません。）

（質問：どの写真がリサの家を示していますか。）

やってみよう!入試問題

解答p.17

目標時間10分

□分

1 それぞれの絵の場面の英文と質問が読まれます。質問の答えとして最も適するものを**ア**〜**エ**の中からそれぞれ1つずつ選びなさい。

〔沖縄〕

(1)
　ア　　　　　　イ　　　　　　ウ　　　　　　エ

(2)
　ア　　　　　　イ　　　　　　ウ　　　　　　エ

(3)

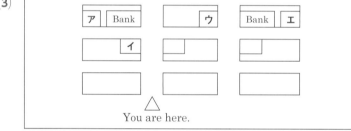

You are here.

(4)
　ア　　　　　　　　イ　　　　　　　　ウ　　　　　　　　エ

2 放送される英文の内容と一致するものを**ア**〜**ウ**の中からそれぞれ1つずつ選びなさい。

〔長崎〕

(1)　　ア　　　　イ　　　　ウ　　　　(2)　　ア　　　　　イ　　　　　ウ

24 リスニング ③

絵を見て，質問に対する答えを選ぶ問題
メモを完成させる問題

1 絵を見て質問に対する答えを選ぶ問題

１枚の絵の中に描かれている情報が多いときは，**絵にある内容と関連する語句に注意**する。

① 　② 　③ 　④

だれが何をしているのかという質問が考えられる。

英文が選択肢に出てきそうな語句は，① (three) boys, play soccer, ② (a) girl, walk her dog, ③ (two) women, sit, talk, on the bench, ④ (two) boys, dance, under the tree など。

2 メモを完成させる問題

メモの（　　）の前後を確認し，聞き取るべき内容を考える。例えば，こんなメモが先に見られる問題では…

> 私は（　　）での生活を楽しんでいます。ここに約（　　）滞在しています。…

（　　）は**場所，期間**に関することなので，地名，数を表す表現に注意して聞き取る。

🎧 サクッと確認

下の絵についての英語による質問を聞いて，その質問に対する答えとして最も適するものを，ア～エの中から１つ選び，その記号を答えなさい。　〔三重〕

ア　One.
イ　Two.
ウ　Three.
エ　Four.

_____ア_____

放送内容：How many clocks are there on the table?
（テーブルの上にはいくつの時計がありますか。）

やってみよう!入試問題

解答p.17

目標時間 10 分

　　　　分

1 (1)から(4)の順に，それぞれ A，B，C の3つの対話を放送します。それぞれの絵にある人物の対話として最も適するものを，放送された A，B，C の中からそれぞれ1つずつ選びなさい。

〔和歌山〕

(1)　　　　A　　B　　C

(2)　　　　A　　B　　C

(3)　　　　A　　B　　C

(4)　　　　A　　B　　C

2 イギリスを旅行中のヒデキ(Hideki)さんと，観光地を案内するボランティアのジュディ(Judy)さんの対話を読みます。これを聞いて，「ヒデキさんのメモ」の①，②，③に，それぞれあてはまる日本語や数字を書きなさい。

〔山形〕

```
＜ヒデキさんのメモ＞
・見学する古い建物は（①　　　　　　　）。
・約（②　　　　　　　　）年前に建てられ，学校として使われていた。
・昔の人々がどのように（③　　　　　　　）かを見ることができる。
```

ディスコースマーカーとは

話の筋道を示す働きをする語(句)。文のつながりや展開を明確にする働きがある。

〈時間の経過・期間〉yesterday（昨日），today（今日），tomorrow（明日）

before（～の前に），after（～の後に），since ～（～以来），for ～（～の間）

when（～する［した］とき）

〈順序〉at first（はじめに），next（次に），finally，at last（最後に）

〈例示〉for example（たとえば），like ～（～のような）

〈逆接〉but（しかし），however（しかしながら）

〈原因・理由，結果〉because ～，as ～（～だから，なぜなら～），so ～（だから，その結果）

これらの語(句)が出てきたら，英文に印をつけて情報を整理しよう。

ディスコースマーカーに注目して，情報をまとめてみよう。

例　次のタカオが発表した「私の夢」のスピーチを読んで，下の＿＿＿にタカオの考えと体験を
まとめなさい。

〔英文は滋賀県の入試問題より抜粋〕

　My dream is to be a tour guide. I have had this dream since I met Bobby last summer. He is one of my father's friends from Australia, and came to stay with my family for two weeks.

　When he arrived, I was very excited and soon started conversation with him. He talked to me in easy English. At first, I thought the conversation was easy, but soon it became difficult because of two things. First, I didn't have enough knowledge. For example, when he asked me, "What's the history of *sumo*?" I didn't know what to say. Second, I couldn't explain the reasons for my opinions well. For example, when I said, "I like English the best," he asked, "Why?" But I couldn't give him a clear reason. Such things happened many times, so our conversations often had to stop.

タカオは最初，① ＿＿＿＿＿＿＿＿＿＿＿＿＿＿＿＿だと思っていたが，そうではなかった。

・理由１：② ＿＿＿＿＿＿＿＿＿＿＿＿＿＿＿＿＿＿＿＿＿＿

　具体的な体験…③ ＿＿＿＿＿＿＿＿＿＿＿＿＿＿＿＿＿＿

・理由２：④ ＿＿＿＿＿＿＿＿＿＿＿＿＿＿＿＿＿＿＿＿＿＿

　具体的な体験…⑤ ＿＿＿＿＿＿＿＿＿＿＿＿＿＿＿＿＿＿

解答（例）　①（英語で）会話することは簡単　②十分な知識を持っていなかったから。
　　　　　　③相撲の歴史についてたずねられて，何を答えてよいかわからなかった。
　　　　　　④自分の意見の理由をうまく説明できなかったから。
　　　　　　⑤英語が一番好きな理由をはっきり説明できなかった。

高校入試模擬テスト ❶

解答pp.18〜19 | 50分 | 70点で合格! 点

1 アメリカのある学校で，サム(Sam)先生が，初めて学校に来た留学生たちに，学習内容などについて説明しているときの英文を聞いて，説明の内容に合うように，下の表の①〜⑤にあてはまる日本語または数字を書きなさい。(3点×5) 〔三重〕

学校が建てられた時期	（ ① ）年前
この教室にいる留学生の数	（ ② ）人
翌日の1時間目の授業で，留学生が話す内容	自分の（ ③ ）とその理由について
翌日の2時間目の授業で，留学生が持ってくるもの	自分の（ ④ ）
翌日の2時間目の授業が始まる予定の時刻	10時（ ⑤ ）分

① （　　　　　　　） ② （　　　　　　　） ③ （　　　　　　　）

④ （　　　　　　　） ⑤ （　　　　　　　）

2 次の英文の（　）に最も適するものを選び，記号で答えなさい。(3点×5) 〔東海高〕

(1) I （　　　） the book very boring.

ア liked　イ bought　ウ read　エ found

(2) Don't forget to call me. — （　　　）

ア No, I won't.　イ Yes, I do.　ウ No, I will.　エ Yes, I don't.

(3) You should go home before it （　　　）.

ア will rain　イ won't rain　ウ rains　エ is raining

(4) Can I eat this cake? — （　　　）

ア Help yourself.　イ You can't miss it.　ウ No, I can't.　エ You're welcome.

(5) He （　　　） in Mie for three years when he was a child, but now lives in Nagoya.

ア lives　イ lived　ウ has lived　エ has been living

3 次の英文は，高校生のユカ(Yuka)さんが徳島に観光で訪れているフランス人のエヴァ(Eva)さんと雑貨屋で交わしている対話の一部です。これを読んであとの問いに答えなさい。

(4点×5) 〔徳島〕

Eva : Excuse me. I want a lunch box for my daughter. Will you help me?

Yuka : Sure. What can I do for you?

Eva : Thank you. There are many kinds of lunch boxes in this shop. ① I can't choose one. Which is the best one?

Yuka : Let's see. I want to ask you some questions about your daughter. How old is she? Does she like cute things or cool things? And which size is better for her, big or small?

Eva : My daughter is fifteen years old. She likes [a] things. And she always uses a [b] one because she likes eating.

Yuka : [c]

Eva : ② She likes blue.

Yuka : I see. How about this one? It's cool, big, and very useful.

Eva : I think my daughter will like it. I'll take it. Thank you so much. "*Bento*" is very popular among French people now. We enjoy putting many kinds of food in a lunch box. Also it's easy to carry. French people use the word "*Bento*."

Yuka : Really? ③ I'm very surprised to hear that.

（注） French フランスの

(1) エヴァさんは下線部①のように言っているが，エヴァさんが決めかねている理由を表す１文を本文中から抜き出し，その文の最初の３語を書きなさい。

　　　　　　　（　　　　　　　）（　　　　　　　）（　　　　　　　）

(2) 本文中の対話が成り立つように，[a]，[b]に適する１語をそれぞれ本文中から抜き出して書きなさい。

　　　　　　　a（　　　　　　　） b（　　　　　　　）

(3) 下線部②が答えになる質問として，[c]に適する英文１文を書きなさい。

_____

(4) ユカさんは，下線部③のように言っているが，驚いた理由として適するものをア～エから１つ選び，記号で答えなさい。　　　　　　　（　　　）

　ア　Because the word "*Bento*" is used by French people.

　イ　Because French people love their own food and drink.

　ウ　Because "*Bento*" is important for our health.

　エ　Because French people don't like "*Bento*."

4 次の英文を読んであとの問いに答えなさい。（5点×10）　　　〔新潟〕

　There are a lot of people around us. Some people have the same ideas and other people have different ones. Is it difficult to be friends with people who have different ideas? Animals may have some answers to this question.

　People have been good friends with some animals for a long time. Some people have animals at home as their pets. [a] A lot of children like to go to a zoo to see animals.

61

Some people say, "Animals sometimes look like people." Do you agree? Other people say, "Animals can feel sad and love other animals, too." Do you believe it? | b | You may not believe it but there are some examples.

For example, a dog is happy and moves its tail fast when its owner comes home and is happy to see the dog. Have you ever seen a cat that comes to its owner and tries to cheer its owner up when the owner is crying? How about a dog that looks sad when its owner is sad? ₐThese are some of the examples which show that animals share feelings with people.

The following story is one of the examples which shows a good relationship between two different kinds of animals. It is about a bear and a cat at a zoo.

The bear was born in the zoo and lived there throughout its life. One day, a cat came to the zoo. | c | The cat went into the bear's cage. When the cat and the bear saw each other, the cat walked to the bear. The cat wasn't afraid of the bear and the bear didn't attack the cat. They became friends. They ate the same food together. They slept together. ₈People were surprised to see the relationship between the big animal and the small animal. One of the workers at the zoo said, "It's not usual to see such a good relationship between two different kinds of animals. People who visit this zoo like watching them."

One day the bear was moved from its cage. The cage was old and the workers had to repair it. | d | After the bear was moved to a place in a building, the cat walked around the cage and looked for the bear but it couldn't find ꞔits friend. Finally, the workers finished repairing the cage and they moved the bear to the new cage. The cat also came to the cage. The cat could go into the cage and go out of it again. The bear and the cat had a good time together again, so they looked happy.

You may not believe that these two different kinds of animals became such good friends. | e | We don't know why the bear and the cat had a happy time together without fighting, (D). Different kinds of animals can live together with a lot of people in the world. You may think it is not easy because some people have different ideas and other people speak different languages. To have good relationships with them, we should try to understand each other and to share our ideas. I hope we can live happily together like the bear and the cat.

（注）　same 同じ　move 動かす　tail 尾　owner 飼い主　cheer ～ up ～を元気づける
　　　　feelings 感情　following 次の　relationship 関係　bear クマ　throughout ～の間ずっと
　　　　cage おり　attack 襲う　usual 普通の　repair 直す　fighting 争い　happily 幸せに

(1) 次の英文は，文中のa〜eの□□□のどこに入れるのがよいか。記号で答えなさい。

No one knew where the cat came from. （　　）

(2) 下線部**A**について，その内容を３つ具体的に日本語で書きなさい。

・_____

・_____

・_____

(3) 下線部**B**について，人々はなぜ驚いたのか。その理由として最も適するものを，次の**ア**〜**エ**から１つ選び，記号で答えなさい。 （　　）

ア　クマとネコが同じおりで生まれ，生涯一緒に過ごしたから。

イ　ネコがおりに入ってきて，クマを追い出そうとしたから。

ウ　クマとネコが，一緒に食べたり寝たりしていたから。

エ　ネコが，クマがいなくなったあと，二度と現れなくなったから。

(4) 下線部**C**は何を指しているのか。日本語で書きなさい。 （　　　　　　　　）

(5) 文中の**D**の（　　）の中に入るものを，次の**ア**〜**エ**から１つ選び，記号で答えなさい。

（　　）

ア　so it is exciting to try to give something to these animals

イ　but it is important to try to learn something from these animals

ウ　so it is good to try to move something from a place to a new place

エ　but it is bad to try to share something with animals

(6) 次の①〜③の問いに対する答えを，それぞれ３語以上の英文で書きなさい。

①　Where do many children like to go?

_____

②　Did the bear attack the cat when they met each other?

_____

③　After the bear was moved to the new cage, why did the bear and the cat look happy?

_____

高校入試模擬テスト ❷

解答pp.20〜21　　50分　　⏱50

70点で合格!

点

1

🎧
（音声）

カナダから来た留学生のトム（Tom）がカナダでの学校生活について授業で話したものです。
英文の内容に合うように，下のメモの中のＡ，Ｂ，Ｃ，Ｄに適する１語を英語で書きなさい。

(4点×4) 〔山梨〕

【メモ】　・The new school year starts in September and ends in （　Ａ　）.
　　　　　・Students have （　Ｂ　） classes a day in Tom's school.
　　　　　・Some students living really （　Ｃ　） from school take the school bus.
　　　　　・Canada has a lot of （　Ｄ　） in winter.

Ａ（　　　　　）Ｂ（　　　　　）Ｃ（　　　　　）Ｄ（　　　　　）

2

次の英文は，ナオト（Naoto）の通う中学校で ALT として英語を教えているベル先生（Ms. Bell）へのナオトによるインタビューの一部です。この英文を読んであとの問いに答えなさい。(6点×7)

〔静岡一改〕

Naoto : Can you tell me why you came to Japan?

Ms. Bell : I love Japanese comic books and am interested in Japanese life. I also want to learn Japanese. The best way of understanding the lives of foreign people and learning foreign languages is to live in foreign countries, I think. So, I came to Japan.

Naoto : How is your life in Japan?

Ms. Bell : ［　　　Ａ　　　］ It's just like the worlds in the comic books. Famous characters can be found in many places around me. Look at this!

(Ms. Bell shows Naoto her lunch box.)

Ms. Bell : It has a cute character that I like on it. Also, it's really useful. （　ａ　）, it can keep food warm and it has a place for chopsticks. I've never seen （　ｂ　） a nice lunch box in my country.

Naoto : Oh, really?

Ms. Bell : I haven't. In Japan, there are many other cute and useful things. They are small things to you, I guess, but to me they are special.

Naoto : I've never thought of that! OK, I'll ask you the next question. ┌┄┄┄┄┄┄┐

Ms. Bell : I often go traveling. I met many friendly people when I was traveling around Japan.

Naoto : Good! Then, can you speak Japanese now?

Ms. Bell : Only a little. So, I've made a lot of funny mistakes.

Naoto : Really? ［　　Ｂ　　］

Ms. Bell : Well... one day, I tried to buy one *anko-mochi* at a Japanese sweet shop...

Naoto : And?

Ms. Bell : I said, "*Wanko-mochi kudasai.*" The people at the shop looked surprised at first, but soon they understood me and smiled. This mistake was not bad because I made friends with them through it. But if I speak Japanese better, I can enjoy talking with Japanese people more.

Naoto : We can communicate better with foreign people if we learn the languages that they speak.

Ms. Bell : [　　C　　]

Naoto : I want to visit your country some day, so I'll study English harder.

Ms. Bell : I'll study Japanese harder, too!

（注）　character(s) 登場人物　chopstick(s) はし　funny おかしい，おもしろい　mistake(s) 間違い
understood understand の過去形　communicate コミュニケーションをとる

(1) 本文中の（ a ），（ b ）の中に補う英語としてそれぞれ**ア**～**エ**の中から最も適するものを１つ選び，記号で答えなさい。

(a) **ア** For example　　**イ** Just a minute　　**ウ** Excuse me　　**エ** For the first time

(b) **ア** much　　　　　**イ** very　　　　　**ウ** so　　　　　　**エ** such

a （　　　　） b （　　　　）

(2) 会話の流れが自然になるように本文中の[　A　]～[　C　]に補う英語としてそれぞれ**ア**～**ウ**の中から最も適するものを１つ選び，記号で答えなさい。

A　　**ア** Sure.　　　　　　　　**イ** Wonderful.　　　　　　**ウ** Difficult.

B　　**ア** Please tell me more.　　**イ** Can you help me?　　　**ウ** I can't hear you.

C　　**ア** Let's see.　　　　　　　**イ** I don't think so.　　　　**ウ** That's right.

A （　　　　） B （　　　　） C （　　　　）

(3) 本文中の┊┄┄┊でナオトは休日の過ごし方をたずねています。その内容になるように適する英語を補いなさい。

_____

(4) 次の英文はベル先生が述べたことについてナオトが感想をまとめ，英語の授業で発表した文章の一部です。本文の内容と合うように次の[　　]の中に補うものを本文中から３語で抜き出しなさい。

> Ms. Bell's story was very interesting. Japan has many things that are special to foreign people like Ms. Bell. I didn't know that. Also, I've found that [　　　　] will open the doors to better communication with people around the world. In the future, I want to live in a foreign country. I'll study English harder.

（　　　　）（　　　　）（　　　　）

次の英文を読んであとの問いに答えなさい。（6点×7．⑺完答）　　　　　　　〔鳥取〕

Masaru is a Japanese university student. One day, he received a notebook from an American woman who came to Japan on a trip. On the first page, there was a letter in English written by a girl. And he found her address, too. The letter said:

Hello, my name is Sophie. I am fifteen. I live in Finland. My dream is to travel around the world in the future and make a lot of friends.

Last month, some teachers and students from England visited our school. We enjoyed studying and talking together. One of the students talked about her dream. Her dream was to be a photographer. She took a lot of pictures when she was here in my town. She showed me some of the pictures, and they were beautiful. After I talked with her, I wanted to do something for ①my dream, too. I cannot travel around the world because I have to go to school and I don't have enough money. But this notebook can go anywhere instead of me. So I decided to send this notebook around the world.

Please help me by following these 4 rules.

1. Please write anything you want on the pages. Of course you can write in your own language.
2. Many people will read it, so please don't write anything which will make someone (②).
3. After you have finished writing in the notebook, please give it to someone else.
4. If you receive this notebook after May 1, 2015, please ┌ ③ ┐.

I'm excited to think about where my notebook will go. How many countries will this notebook travel to? What will people write in it? Thank you for your help.

When Masaru received Sophie's notebook, it had 29 messages from people from 8 different countries. He enjoyed reading a short story written by an old man in China. He also found a song a young girl in Australia wrote. Everyone followed Sophie's rules.

He thought about what he should write. He started ┌ ④ ┐. "It will be useful if Sophie visits Japan in the future," he thought. After he finished writing, he closed the notebook and he didn't forget to follow Sophie's last rule. The date was May 2, 2015, so he went to the post office.

Two weeks later, Sophie received her notebook and enjoyed reading it.

（注）　address 住所　Finland フィンランド　instead of 〜 〜の代わりに　rule 規則

(1) 本文の内容に一致するものを，次の**ア〜エ**から１つ選び，記号で答えなさい。

（　　　　　）

ア ソフィーさんは，写真家になりたいと考えている。

イ ソフィーさんは，日本を旅行中に大学生のマサル（Masaru）さんと話をした。

ウ ソフィーさんは，イギリスから来た人と一緒に勉強したり話したりした。

エ ソフィーさんは，中国やオーストラリアを旅行した。

(2) 下線部①の内容を具体的に日本語で答えなさい。

_____

(3) （　②　）にあてはまる語を，本文の内容から判断して英語１語で答えなさい。

（　　　　　）

(4) ③ にあてはまる語句を，本文の内容から判断して３語以上の英語で答えなさい。

_____

(5) ④ にあてはまる英語として，最も適するものを次の**ア〜エ**から１つ選び，記号で答えなさい。

（　　　　　）

ア to write about places to visit in Japan

イ to talk with Sophie on the phone

ウ to make friends in Finland

エ to write about a special plan for traveling in Australia

(6) この英文の題名として最も適するものを，次の**ア〜エ**から１つ選び，記号で答えなさい。

（　　　　　）

ア Masaru's Future Plan　　　　**イ** Masaru's Friend in Australia

ウ Sophie's Speech for a School Trip　　**エ** Sophie's Traveling Notebook

(7) 本文の内容に一致する英文を，次の**ア〜カ**から２つ選び，記号で答えなさい。

（　　　　　）（　　　　　）

ア Masaru didn't help Sophie because he couldn't understand her letter.

イ Sophie wrote a letter in English on the first page of her notebook.

ウ Sophie was looking forward to reading the messages written only in English.

エ Masaru thought that the short story was not as interesting as the song.

オ Sophie received 30 messages in her notebook which traveled around the world.

カ Sophie will visit Japan in 2015 to get her notebook back.

高校入試模擬テスト ❸

解答pp.22〜24 50分

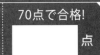

70点で合格!

点

1 次の英文や対話を聞いて，あとの問いに答えなさい。(4点×5) 〔福岡〕

🎧(音声)

(1) 絵や表について英語で質問をします。①は答えとなる数字を，②は答えとなる教室名を書きなさい。 ① (   ) ② (   )

①

②

健の町の「夏休み教室」一覧表の一部

教室名	開催曜日	開催時間
折り紙教室	月	午後 2:00 〜午後 4:00
パン作り教室	火	午前 9:00 〜午前 11:00
ケーキ作り教室	木	午後 1:00 〜午後 4:00
ピザ作り教室	土	午前 9:00 〜午前 11:00

(2) 中学生のミキ（Miki）と留学生のケビン（Kevin）が対話をします。その対話のあとで質問をしますので，その質問に対する答えを**ア**〜**エ**の中から選びなさい。

① (   ) ② (   ) ③ (   )

① **ア** Yes, she does.　　　　**イ** No, she doesn't.

 ウ Yes, she did.　　　　**エ** No, she didn't.

② **ア** Because he didn't know there were *ukiyoe* pictures in Japanese art books.

 イ Because he didn't know Miki was interested in traditional Japanese art.

 ウ Because Miki said the colors of Japanese pictures were very beautiful.

 エ Because Miki said some museums in his country had *ukiyoe* pictures.

③ **ア** She wants to study the art of foreign countries and see beautiful pictures.

 イ She wants to study traditional Japanese art and work in a museum.

 ウ She wants to go to foreign countries and get a lot of art books.

 エ She wants to go to a very popular museum in Japan and work there.

2 次の英文は，高校生のヨウコ（Yoko）と，カナダから来ている留学生ベッキー（Becky）との会話です。これを読んであとの問いに答えなさい。(4点×8) 〔熊本〕

(*After school on Friday*)

Yoko : Are you free tomorrow, Becky? Why don't you come to my house?

Becky : Thank you, Yoko. What time can I come?

Yoko : a How (the, in, ten, about) morning?

Becky : OK. Can I find your house easily?

Yoko : There's a post office next to my house.

Becky : I see. Then I'll come to your house at ten tomorrow.　☐①

Yoko　: Bye.

(*In Yoko's room the next day*)

Becky : You have many books, Yoko.

Yoko　: Thank you, Becky. I often talk about books with my friends at school.

Becky : I want to join you. But I've never read stories written by Japanese writers.

Yoko　: ☐②　We can talk about famous stories in the world. Do you know "The Little Prince?"

Becky : Yes, I do. I read it many times when I was in Canada. Now people can read it in many languages. Have you read it in English?

Yoko　: No, I haven't. I want to do that next time. By the way, I talked about "The Little Prince" with our teacher last week. b Then he (interesting, me, something, taught).

Becky : What was it?

Yoko　: The first person that translated "The Little Prince" into Japanese was from Kumamoto. I didn't know that. He also said that we can learn about the person at the city library. c So I'm going to go there next Saturday.

Becky : Can I go with you?

Yoko　: Sure. Now many Japanese stories are translated into English. You can enjoy reading such books there.

Becky : That will be fun. But my Japanese will get better if I read books in Japanese.

Yoko　: Then ☐. Why don't you read some of them?

Becky : That sounds interesting! I'll try that.

(注)　writer 作家　"The Little Prince"「星の王子様」(フランスの作家サン＝テグジュペリの作品)
　　　translate ～ into … ～を…に翻訳する

(1) 下線部ａ，ｂの（　　）内の語を，正しい順序に並べかえて書きなさい。

　　a　How _____ morning?

　　b　Then he _____ .

(2) ☐① , ☐② に入れるのに最も適するものを，次の**ア～カ**からそれぞれ１つ選び，記号で答えなさい。　　　　　　　　　　　　　　① （　　　） ② （　　　）

　　ア　Not really.　　**イ**　Help yourself.　　**ウ**　Nice to meet you.

　　エ　See you.　　　**オ**　How was it?　　　**カ**　That's not important.

(3) 下線部ｃのようにヨウコが計画したのは，先生からどんなことを聞いたからか。あとの（　　）に適する日本語を入れて，答えとなる文を完成させなさい。

市の図書館で（　　　　　　　　　　　　　　　　　　　　）ことができるということ。

(4) 　に入れるのに最も適するものを次の**ア**〜**エ**から１つ選び，記号で答えなさい。

（　　　）

ア　you can find books written in easy English

イ　you can find books written in easy Japanese

ウ　you can translate "The Little Prince" into English

エ　you can translate "The Little Prince" into Japanese

(5) 次の英文は，ベッキーがヨウコの家を訪ねた日に，ヨウコが英語で書いた日記の一部です。当日の２人の会話の内容をふまえて，文中のA，Bにあてはまる英語を，それぞれ２語で書きなさい。

> Today, Becky came to my house. We talked about "The Little Prince." Becky read it many times in Canada. She said that people can read it in many languages, so I want to read it 　A　 next time. We enjoyed talking about some other things. I told her about an idea for making her Japanese better, and she 　B　 in it.

A （　　　　　　）（　　　　　　）　B （　　　　　　）（　　　　　　）

3 次の英文は，高校１年生のマユ（Mayu）さんが，和紙（Japanese paper）をテーマに，英語の授業中に発表したものです。これを読んであとの問いに答えなさい。（5点×8．(6)完答）

〔徳島〕

I'm interested in Japanese paper. When I was a small child, my grandmother gave me a small beautiful box made of Japanese paper. I have liked the paper since then, and I want to study it in the future.

Today I want to talk about a special kind of Japanese paper. It's traditional Japanese handmade paper. It's made from natural materials. Time, hard work, and special skills are needed to make it. It's usually expensive and you must go to a special shop to get it. When I touched the paper for the first time, I was impressed. It was soft and warm. It was the same feelings that you'll get when you touch nature. Also, it's very strong and doesn't change for a long time. In a national museum, I saw the paper that was made more than one thousand years ago. I think Japanese paper is wonderful, but the number of people who make it is getting smaller. I want to save the beautiful paper, and ① that is the reason for my speech today.

This winter, I went to a Japanese paper museum. It's called "museum," but it looked like a paper factory to me. Some people were making paper in a traditional way there, and I could watch its process. I talked with a man working there. His name was Mr. Makino.

When I talked to him, he was putting something in the water with both his hands. "Is the water cold?" I said to him. He smiled and said, "Would you like to try?" I touched the water and it was really cold. He said, "But it's not so bad. Winter is the best season for our paper." "What do you mean? Would you please explain?" I said. "Sure. Traditional Japanese handmade paper doesn't like hot weather. Its materials work better when it's cold," he answered. "I see. It's a hard job, right?" I said. "That's true, but cold weather is OK with me. It makes our paper beautiful. ②I'm grateful for nature, because it gives me the things I need to make good paper," he said. I talked about my love for the paper and Mr. Makino looked happy to hear that. ③I asked some more questions about his job, and he gave me good answers. Mr. Makino also said, "If you want to do something for our paper, please tell a lot of people about it." "Yes, I think I have to do it," I answered. Before leaving the museum, I found a museum shop and I bought two beautiful paper bookmarks there. One was for my grandmother. She smiled when I gave it to her. The other was for me, and I'm using it to remember that day.

Traditional Japanese handmade paper has been with us for a long time. A lot of people from old times have lived with nature and made beautiful paper from it. I think the paper is a treasure of Japanese culture. I want to learn more and tell people about it. If more people are interested in it, I'll be happy. That's all, thank you.

（注） handmade 手作りの　material（s）素材　skill（s）技術　expensive 高価な

　　　 factory 工場　process 工程　grateful 感謝する　bookmark（s）しおり

(1) 次の①，②の問いに対する答えを，①は３語以上，②は８語以上の英文１文で書きなさい。ただし符号は語数に含めない。

① Did Mayu get a small beautiful box from her grandmother?

_____

② What were some people doing in the Japanese paper museum?

_____

(2) 下線部①が表す内容として最も適するものを次のア～エから選びなさい。　（　　　　　）

ア I practiced my speech many times because my classmates will listen carefully.

イ When I want to ask Mr. Makino some questions, I'll go to the museum again.

ウ I'll talk about traditional Japanese handmade paper because I want to save it.

エ When I read a book about the paper, I decided to speak in front of the class.

(3) 下線部②で，自然に感謝しているとあるが，マキノ（Makino）さんがそう思っているのはなぜか。その理由を日本語で書きなさい。

_____

(4) 下線部③について，このときの質問としてどのようなものが考えられるか，マユさんからマキノさんへの質問の形で，英文を1文書きなさい。

_____

(5) 次の英文はこの発表を聞いた生徒が，その感想としてマユさんにあてて書いたものである。 a ， b に適するものを，次のア～カから1つずつ選び，英文を完成させなさい。　　　　　　　　　　　　　　　　　　　　　　　a （　　　　　） b （　　　　　）

　　I enjoyed your speech very much. You a and talked to a man working there. That's great. I liked his talk about his job. I understand that nature is very important to make traditional Japanese handmade paper. From your speech, I b . I agree with you. We must save it. What can we do for the beautiful paper? Let's think about it together.

ア　liked the cold weather　　　　イ　lost a Japanese treasure

ウ　went to the paper museum　　　エ　learned a lot about the paper

オ　found the museum shop　　　　カ　showed the paper box to the class

(6) 本文の内容に合うものを次のア～カから2つ選びなさい。

　　　　　　　　　　　　　　　　　　　　　　（　　　　　）（　　　　　）

ア　Mayu likes traditional Japanese handmade paper, but she has never touched it yet.

イ　Mayu visited a national museum and saw Japanese paper made a long time ago.

ウ　Mr. Makino stopped Mayu when she tried to touch water because it was too cold.

エ　Mr. Makino said that the hot water was not bad for making Japanese paper.

オ　Mr. Makino wanted to teach Mayu how to make Japanese paper in the future.

カ　Mayu hopes more people will be interested in traditional Japanese handmade paper.

4 高校生のアキオ（Akio）は，英語の授業で，下のメモにもとづいて自己紹介をすることになりました。あなたがアキオならば，どのように英語で自己紹介しますか。メモの内容をすべて含めて，自己紹介する内容を "Hello, everyone. I'm Akio." のあとに20語程度の英語で書きなさい。コンマやピリオドなどの符号は語数に含めないこと。(8点)　　　　　〔大阪〕

┌───┐
│　【メモ】　・私はテニス（tennis）をするのが好きだ。　　　　　│
│　　　　　　・毎日，とても熱心にテニスを練習する。　　　　　　│
│　　　　　　・夢は有名なテニス選手になることだ。　　　　　　　│
└───┘

Hello, everyone. I'm Akio. _____

_____

_____

暗記カード 1

Cards for Learning

a cup of ~ 　　1杯の〜

I have a cup of coffee at the restaurant.
私はそのレストランで1杯のコーヒーを飲みます。

□ **a member of ~** 　　〜の一員

He is a member of a *kendo* club.
彼は剣道部の一員です。

□ **after school** 　　放課後

Let's play basketball after school.
放課後、バスケットボールをしましょう。

□ **agree with ~** 　　〜に賛成する

I'm afraid I don't agree with you.
残念ですが、私はあなたに賛成しません。

□ **all day** 　　一日中

It was very cold that day, so I stayed at home all day.
その日はとても寒かったので、私は一日中家にいました。

□ **all over the world** 　　世界中で

English is the language used by many people all over the world.
英語は世界中で多くの人々に使われる言語です。

【暗記カードの使い方】消える　フィルターをタテにして隠し、英語→日本語、日本語→英語の両方から確認することができます。

1

暗記カード 16

Cards for Learning

□ **What's up?** 　　どうしたの?

What's up? — I'm looking for today's newspaper.
どうしたの? — 私は今日の新聞を探しています。

□ **What's wrong?** 　　どうしたのですか。

What's wrong? You look very tired.
どうしたのですか。あなたはとても疲れているようです。

□ **Why don't you ~?** 　　〜してはどうですか。

Why don't you read this book?
この本を読んではどうですか。

□ **would like to ~** 　　〜したい

What would you like to drink?
何を飲みたいですか。

□ **write to ~** 　　〜に手紙を書く

I will write to you again soon.
私はまたすぐにあなたに手紙を書きます。

□ **You have the wrong number.** 　　間違い電話です。

Sorry, you have the wrong number.
すみません、間違い電話です。

16

☐ **and so on**
I bought pencils, notebooks and so on.

〜など
私は鉛筆やノートなどを買いました。

☐ **arrive at[in]** 〜
I'll arrive at Kobe Station at ten fifteen.

〜に着く
私は神戸駅に10時15分に着きます。

☐ **at first**
At first, it was difficult for me to speak English.

最初は
最初は、私が英語を話すことは難しかったです。

☐ **at home**
If it rains tomorrow, I will stay at home.

家に
もし明日雨が降ったら、私は家にいるつもりです。

☐ **at last**
At last, he won the first prize.

ついに
ついに彼は1位を獲得しました。

☐ **at that time**
He became the youngest winner at that time.

当時
彼は当時の最年少の勝者になりました。

☐ **think of** 〜
What do you think of this work?

〜について考える
この仕事についてどう考えますか。

☐ **try on** 〜
May I try this on?

〜を試着する
これを試着してもいいですか。

☐ **wait for** 〜
How long should I wait for the next bus?

〜を待つ
どれくらいの間、私は次のバスを待つべきですか。

☐ **walk to** 〜
I live near the zoo, so I walk to the zoo.

〜へ歩いて行く
私は動物園の近くに住んでいるので、動物園へ歩いて行きます。

☐ **ways to** 〜
Please tell me other ways to learn English words.

〜する方法
英単語を覚えるほかの方法を私に教えてください。

☐ **What's the matter?**
Excuse me? — Yes. What's the matter?

どうしましたか。
すみません。— はい、どうしましたか。

at the end of ～
～の終わりに
At the end of the day, we will visit the art museum.
その日の終わりに、私たちは美術館を訪れるつもりです。

be afraid of ～
～を恐れる
I was afraid of making mistakes.
私は失敗をするのを恐れていました。

be different from ～
～と違っている
You are different from your friends.
あなたはあなたの友達とは違っています。

be famous for ～
～で有名である
This area is famous for its wonderful nature.
この地域は素晴らしい自然で有名です。

be good at ～
～が得意である
I was good at speaking English.
私は英語を話すことが得意でした。

be in ～ club
～部に所属している
I'm in the brass band club.
私は吹奏楽部に所属しています。

②（ここが山折り）

take part in ～
～に参加する
My brother is going to take part in the robot contest.
私の兄はロボットコンテストに参加するでしょう。

tell A to ～
Aに～するように言う
My teacher told me to write an essay about my dream.
先生が私に自分の夢についてのエッセーを書くように言いました。

thank you for ～
～をありがとう
Thank you for helping me.
手伝ってくれてありがとう。

thanks to ～
～のおかげで
Thanks to my teammates, I could do my best.
私のチームメートのおかげで、ベストを尽くせました。

That sounds good.
それはいいですね。
I enjoyed seeing the fireworks.
— That sounds good!
私は花火を見て楽しみました。— それはいいですね！

the way to ～
～への行き方
Could you tell me the way to the station?
私に駅への行き方を教えてくださいませんか。

暗記カード 4

☐ **be interested in ～**
I'm interested in Japanese culture.

～に興味がある
私は日本の文化に興味があります。

☐ **be late for ～**
He was late for the party.

～に遅れる
私はパーティーに遅れました。

☐ **be made from ～**
This Japanese paper is made from natural materials.

～から作られる
この和紙は天然素材から作られています。

☐ **be made of ～**
Wagashi is usually made of sweet bean paste, sugar and rice flour.

～で作られる
和菓子はふつう、あんこ、砂糖、米粉で作られます。

☐ **be on ～ team**
I'm on the volleyball team.

～チームに所属している
私はバレーボールチームに所属しています。

☐ **be ready for ～**
Are you ready for the test?

～の準備ができている
テストの準備はできていますか。

暗記カード 13

☐ **one of ～**
Cooking is one of my favorite things to do on Sunday.

～の1つ
料理をすることは日曜日にする私のお気に入りのことの1つです。

☐ **speak to ～**
I spoke to a woman in English.

～に話しかける
私は女性に英語で話しかけました。

☐ **such as ～**
I found many interesting foods, such as *hotaruika* and *shiroebi*.

～のような
私はホタルイカやシロエビのような多くのおもしろい食べ物を見つけました。

☐ **take a picture**
In this museum, you cannot take pictures.

写真をとる
この博物館では、写真をとることはできません。

☐ **take A to B**
Will you take <u>me</u> to <u>the</u> <u>station</u> by car?

A を B まで連れて行く
車で私を駅まで連れて行ってくれませんか。

☐ **take care of ～**
Taro takes care of his sister.

～の世話をする
タロウは妹の世話をします。

暗記カード 5

Cards for Learning

☐ **between A and B**

A と B の間に

The coffee shop is between the supermarket and the movie theater.

コーヒーショップはスーパーと映画館の間にあります。

☐ **both A and B**

A と B の両方

He bought both a blue shirt and a green shirt.

彼は青いシャツと緑のシャツの両方を買いました。

☐ **by the way**

ところで

By the way, my soccer team is going to have a game.

ところで、私のサッカーチームは試合があります。

☐ **call ~ back**

(電話を)かけなおす

Please call me back later.

あとでかけなおしてください。

☐ **change trains**

電車を乗り換える

You should change trains at Wakaba Station.

あなたはワカバ駅で乗り換えるべきです。

☐ **come back**

帰る

I will come back on Friday.

私は金曜日に帰ります。

5

-----------------------------------③(リリや山折り)-----------------------------------

暗記カード 12

Cards for Learning

☐ **need to ~**

~する必要がある

I usually sleep for seven hours. — You need to sleep more.

私はいつも7時間寝ます。— あなたはもっと寝る必要があります。

☐ **next to ~**

~のとなりに

The library is next to the hospital.

図書館は病院のとなりです。

☐ **not ~ at all**

全く~ない

41.9% of them don't have a party at all.

彼らの41.9パーセントが全くパーティーを開きません。

☐ **on the Internet**

インターネットで

I'm looking for some information on the Internet.

私はインターネットでいくつかの情報を探しています。

☐ **on TV**

テレビで

I watched a basketball game on TV.

私はテレビでバスケットボールの試合を見ました。

☐ **one day**

ある日

One day, he received a notebook from an American woman.

ある日、彼はアメリカ人の女性からノートを受け取りました。

12

暗記カード 6

come from ～
This idea came from a design team of an art university.

～から来る
このアイデアは、美術大学のデザインチームから来ました。

communicate with ～
We will be able to share our ideas and communicate better with each other.

～とコミュニケーションをとる
私たちは私たちの意見を共有し、お互いによくコミュニケーションをとることができるでしょう。

do ～'s best
I'm not a good player. But I did my best.

～のベストを尽くす
私はよい選手ではありません。しかし、私はベストを尽くしました。

do ～'s homework
We are doing our homework now.

～の宿題をする
私たちは今、宿題をしています。

for the first time
When she was 15 years old, she came to our town for the first time.

初めて
彼女は15歳のとき、初めて私たちの町へ来ました。

from A to B
You can use the library from 9 a.m. to 8 p.m.

AからBまで
その図書館は午前9時から午後8時まで使えます。

暗記カード 11

look forward to ～[～ing]
I'm looking forward to talking with you in English.

(～すること)を楽しみにする
私はあなたと英語で話すことを楽しみにしています。

make a mistake
You should not worry about making mistakes.

まちがえる、失敗する
あなたはまちがえることを心配するべきではありません。

make a speech
Today, I would like to make a speech about softball.

スピーチをする
今日、私はソフトボールについてスピーチをしたいと思います。

make friends with ～
The purpose is to make friends with each other.

～と友達になる
その目的はお互いに友達になることです。

May I speak to ～?
This is Nancy. May I speak to John?

～さんはいらっしゃいますか。
こちらはナンシーです。ジョンはいらっしゃいますか。

more than ～
In Japan, there are more than one thousand and five hundred mascots.

～以上
日本には1,500以上のマスコットがいます。

☐ **get off ~**
I want to go to the city museum. Where should I get off?

~を降りる
私は市立博物館へ行きたいです。どこで降りるべきですか。

☐ **get on ~**
She has to get on the next train.

~に乗る
彼女は次の電車に乗らなければなりません。

☐ **get to ~**
We will get to the baseball stadium soon.

~に着く
私たちはすぐに野球場に着きます。

☐ **get up**
I couldn't get up early in the morning last Sunday.

起きる
私はこの前の日曜日の朝、早く起きることができませんでした。

☐ **get well**
Did your grandfather get well?

よくなる
あなたのおじいさんはよくなりましたか。

☐ **give up**
When something looks difficult, we should not give up.

あきらめる
あることが難しいように見えるとき、私たちはあきらめるべきではありません。

7

---

④（切りとり山折り）

暗記カード **10**

Cards for Learning

☐ **It is — for … to ~.**
It is important for us to respect other people's ideas.

…にとって~することは—です。
私たちにとってほかの人々の意見を尊重することは大切です。

☐ **what kind of ~**
What kind of food do you want to eat?

どんな種類の~
あなたはどんな種類の食べ物を食べたいですか。

☐ **leave A for B**
She leaves home for school at seven.

Bに向けてAを出発する
彼女は7時に、学校に向けて家を出発します。

☐ **leave a message**
Can I leave a message?

伝言を残す
伝言を残してもいいですか。

☐ **listen to ~**
Listening to music is as popular as watching movies.

~を聞く
音楽を聞くことは映画を見ることと同じくらい人気があります。

☐ **look for ~**
I'm looking for my key.

~を探す
私は自分の鍵を探しています。

10

☐ **go back to ～**
After staying in Australia for two years, Yuka went back to Japan.

～に戻る
オーストラリアに2年間滞在したあと、ユカは日本に戻りました。

☐ **go fishing**
I went fishing with my father and caught five fish.

釣りに行く
私は父と釣りに行き、魚を5匹捕まえました。

☐ **have a good time**
I am happy that I have a good time with you.

楽しい時を過ごす
私はあなたと楽しい時を過ごせてうれしいです。

☐ **have been to ～**
Have you ever been to the new hamburger shop?

～へ行ったことがある
その新しいハンバーガーショップへ行ったことがありますか。

☐ **hear of ～**
Have you heard of Nursing Care Robots?

～について聞く
介護ロボットについて聞いたことがありますか。

☐ **help A with B**
I have to help my brother with his homework.

AのBを手伝う
私は自分の弟の宿題を手伝わなければなりません。

☐ **How about ～?**
How about trying something new?

～はどうですか。
何か新しいことをしてみてはどうですか。

☐ **I have no idea.**
Why is he at our school?
— I have no idea.

わかりません。
なぜ彼が私たちの学校にいるのですか。
— わかりません。

☐ **I hear ～**
I hear that you love dogs.

～と聞いている
私はあなたがイヌが大好きだと聞いています。

☐ **I'm sure ～**
I'm sure we'll be good nurses.

きっと～だと思う
私たちはきっとよい看護師になると思います。

☐ **in front of ～**
We can see a post office in front of the school.

～の前に
学校の前に郵便局が見えます。

☐ **in the future**
I want to teach Japanese in the future.

将来は
私は将来、日本語を教えたいです。

1 be動詞・一般動詞

本文p.2

1 (1) is　(2) watched　(3) lives
　　(4) does　(5) are

2 (1) sent　(2) spoke　(3) caught
　　(4) saw　(5) bought

3 (1) father is in
　　(2) listens to music
　　(3) My father gave it to me
　　(4) is Hiroki interested in

解 説

1 (1)「私の姉［妹］は中学生です。」　(2)「私たちは昨日，映画を見ました。」　(3)「私の友達の1人はオーストラリアに住んでいます。」　(4)「ナンシー，あなたの音楽の授業は10時に始まりますか。」現在の文で主語が your music class（3人称単数）なので does。　(5)「京都にはたくさんの建物があります。」

2 (1)「彼は先週，私に大豆を送ってくれました。」send の過去形は sent。　(2)「私は通りで友達に会い，彼女に話しかけました。」speak の過去形は spoke。speak to 〜＝「〜に話しかける」　(3)「ケンイチは魚釣りに行って5匹の魚を捕まえました。」catch の過去形は caught。　(4)「私は先週テレビでそれらのうちの1つを見ました。」see の過去形は saw。　(5)「私は昨日その店でこのコンピュータを買いました。」buy の過去形は bought。

3 (1)ここでの is は「（〜に）いる」の意味。　(2)「〜を聞く」＝ listen to 〜　(3)「私の父が，誕生日に私にそれをくれました。」gave は give の過去形。　(4)「ヒロキは何に興味がありますか。」主語 Hiroki に合う be 動詞は is。

[POINT] 過去を表す語句：yesterday ＝「昨日」，then ＝「そのとき」，last 〜 ＝「この前の〜」
※ last night ＝「昨夜」，last week ＝「先週」

2 進行形・未来表現

本文p.4

1 (1) studying　(2) is　(3) looking

2 (1) studying　(2) walking

3 (1) father is cooking dinner
　　(2) are you going
　　(3) was doing my homework
　　(4) were taking care of small children

4 (例) (1) They were taking pictures[a picture] of the old house(s).
　　(2) How long will you stay in Kobe?
　　(3) It will be sunny tomorrow.

解 説

1 (1)「私の兄［弟］は今，数学を勉強しているところです。」　(2)「鳥の1匹がとても高く飛んでいます‼」　(3)「すみません，私は市役所を探しているところです。」

2 (1)「私があなたに電話をしたとき，あなたは何をしていましたか。」「私は図書館で勉強していました。」　(2)「ヒデオはお年寄りの女性を見ました。彼女は通りを歩いていました。」

3 (1)現在進行形の文。　(2)疑問詞 What のあとは疑問文の語順。be 動詞を主語の前に。　(3)過去進行形の文。　(4)「何人かの生徒たちは小さな子どもたちの世話をしていました。」

4 (1)「撮っていました」から過去進行形の文。　(2)「〜するつもり」は will か be going to を使う。（別解）How long are you going to stay in Kobe?　(3)（別解）Tomorrow will be sunny. / The weather is going to be fine tomorrow.

[POINT] will と be going to の違い
will は「その場で決めたこと」，be going to は「あらかじめ決めていたこと」を表す。

ひっぱると、はずして使えます。

3 疑問詞

本文p.6

1 (1)ア (2)ウ (3)エ (4)イ

2 (1)How many teachers are there in
(2)What kind of fruit do you like?
(3)When did you go to

3 (1)eating[having] (2)long

4 (例)What would you like to eat[have]?

解説

1 (1)「ケーキです。」と答えているので「あなたは何を彼女と作りましたか。」とたずねる。 (2)「彼は68歳です。」と答えているので「彼は何歳ですか。」とたずねる。 (3)「2，3日です。」と答えているので「どれくらいの間，私は待たなければなりませんか。」とたずねる。 (4)「私はそれらをニュージーランドで撮りました。」と答えているので「あなたはどこでそれらを撮りましたか。」とたずねる。

2 (1)「この学校には何人の先生がいますか。」 (2)「あなたはどんな種類の果物が好きですか。」ここでの kind は「種類」の意味。 (3)「あなたはいつ，そのコンサートに行きましたか。」

3 (1)「その男の子は何をしているところですか。」という質問に，「彼はパンを食べているところです。」と答える。 (2)「約10分かかるでしょう。」と答えているので「どれくらいかかりますか。」とたずねる。

4 「あなたは何を食べたいですか。」「私はピザを食べます。」

POINT 疑問詞を使った対話文の問題では，何をたずねているかをつかむこと。

4 助動詞①

本文p.8

1 Can

2 has

3 (1)you carry this bag
(2)don't have to go to
(3)can see many kinds of
(4)do I have to tell
(5)I use your pen
(6)must be there at
(7)can keep your body well
(8)May I speak to Mike

4 (例)What can I do for them?

解説

1 「～してもいいですか。」= Can[May] I ～?

2 主語が She なので has にする。

3 (1)「～してくれませんか。」= Can you ～?
(2)「～しなくてもよい」= don't have to ～
(3)「あなたはたくさんの種類のタコを空に見ることができます。」 (4)「私は何回，あなたに自分の部屋をそうじするように言わなければなりませんか。」 (5)「あなたのペンを使ってもよいですか。」 (6)「パーティーは午後3時40分に始まります。だから，午後3時35分にそこにいなければなりません。」
(7)「みそはあなたのからだを健康に保つことができます。」 (8)「こんにちは。こちらはケンです。マイクはいますか。」

4 疑問詞 What を文頭に。「～できますか」から can I を続け，動詞「する」= do を使う。

POINT have to は時制や主語に合わせて使い分ける。
例：I have to ～. She[He, It] has to ～.
　　I had to ～.（過去）
　　I will have to ～.（未来）

5 助　動　詞 ②

本文p.10

1 (1)ウ　(2)ア　(3)ウ

2 イ

3 (1)Shall we meet in front of
(2)must be answered as a team
(3)would like to write a

解　説

1 (1)店員が「いらっしゃいませ。」と声をかけている。　(2)「頭が痛くて寒気がする」から,「先生に話すべきです。」を選ぶ。　(3)Aが「私がこのチョコレートケーキを作りました。」と言い,Bは「はい,いただきます。おいしそうですね。」と答えているので「少しいかがですか。」を選ぶ。

2 英文は「今,あなたの英語の先生が教室へ向かっています。彼女はたくさんのノートを運んでいて,あなたは彼女を手伝いたいです。あなたは彼女に何と言いますか。」という意味。「(私が)それらのノートの何冊かを運びましょうか。」を選ぶ。

3 (1)「駅の前で会いましょうか。」Shall we ～?の文にする。　(2)「その質問はチームとして答えられなければならない。」The questionが主語なので受け身の文。助動詞を含む受け身は〈助動詞＋be＋過去分詞〉で表す。(3)would like to ～＝「～したい」　would like (to) ～はwant (to) ～よりもていねいな表現。

> **POINT**「～してくれませんか。」の表現をまとめて覚えておく。※上から順にていねいな表現。
> 助動詞を使った表現：Would you～?
> 　　　　　　　　　 Could you ～?
> 　　　　　　　　　 Will you ～?
> 　　　　　　　　　 Can you ～?
> ほかに,Please ～.もある。

サクッ！と入試対策 ①

本文p.11

1 (1)ride
(2)sleeping
(3)don't have to

2 (1)are you looking for
(2)What sports do you like?
(3)I went to bed at one
(4)kind of fuels should we use

3 (例)(1)Which season do you like the best?
(2)Where did he take it?

解　説

1 (1)Doesがあるので動詞の原形を選ぶ。
(2)「その女の子はトモヤのお姉さん[妹さん]です。彼女はイヌと一緒に眠っています。」
(3)「私は紙しばいをすることはとても難しいと思います。」「いいえ。あなたは物語を覚える必要はありません。ここを見て。物語は絵のうしろ側に書かれています。」

2 (1)look for ～＝「～を探す」　(2)「あなたはどんなスポーツが好きですか。」　(3)「私は1時に寝ました。」　(4)「今,どんな種類の燃料を使えばよいですか。」

3 (1)「私は冬が好きです。あなたはどの季節がいちばん好きですか。」「私は川で泳ぐことができるので,夏がいちばん好きです。」「ああ,すてき！　私は川で泳いだことは一度もありません。」　(2)「アヤ,あれは美しい写真です。」「ありがとうございます,ジョン。私の兄[弟]は写真を撮ることが好きです。彼はそれを昨年撮りました。」「彼はそれをどこで撮りましたか。」「秋田市です。」

> **POINT** **1** 日本文や前後の文から時制を判断する。語形変化では,助動詞や前後の語がヒントになることがある。

サクッ！と入試対策 ②

本文p.12

1 (1)イ
(2)ウ

2 (1)Which bag is yours?
(2)kind of music do you
(3)I'd like to make robots to help

3 (例) You should write down the return day in your schedule book.

解 説

1 (1)「あなたが学校の空手部に入っていると聞きました，リョウヘイ。」「はい。私はそれを1週間に4回練習します。」「あなたは毎回どのくらい練習しますか。」「2時間です。私はいつも一生懸命に練習します。」
(2)「あなたはどこに行くのですか，マイク。」「私はタカシの家に行くところです，お母さん。彼はテストのために私に理科を教えてくれます。」「わかりました。あなたはいつ帰ってきますか。」「私は夕食の前に戻ります。」

2 (1)「どちらのカバンがあなたのものですか。」
(2)「あなたはどんな種類の音楽が好きですか。」「どんな種類の〜」＝ what kind of 〜
(3)「将来，私は人々を助けるためのロボットを作りたいです。」

3 「わあ，私はこの本を図書館に返すのを忘れました。私はよく物事をするのを忘れます。」「本当ですか。」「物事をするのを忘れることを防ぐために私は何ができますか。」「あなたは返却日を手帳に書き留めるべきです。」「わかりました。やってみます。」

6 不定詞 ①・動名詞

本文p.14

1 (1)to help　(2)to hear　(3)singing

2 (1)make maps to show
(2)find other students to help you
(3)thing is to think before
(4)like to help them with their
(5)for you to show us
(6)information to give you
(7)need perfect English to understand
(8)have enough time to

3 イ

解 説

1 (1)「私は彼を助けるためにときどきそこへ行きます。」(2)「私は私の友達が彼女の新しい学校で元気にしていると聞いてうれしいです。」(3)「ユウコは同級生と歌うのを楽しみました。」

2 (1)「私は競技場までの道を彼らに示すための［ために］地図を作ります。」(2)「あなたはどうやってあなたを助けてくれるほかの生徒を見つけるつもりですか。」(3)「大切なことは，話す前に考えることです。」(4)「私は彼らの仕事を手伝うことが好きです。」
(5)「私たちにダンスパフォーマンスを見せるのは難しかったですか。」(6)「私はあなたにアドバイスを与えるためにもっと情報が必要です［与えるための情報がもっと必要です］。」
(7)「私たちはお互いを理解するのにかんぺきな英語は必要ありません。」(8)「あなたはピアノを練習する時間が十分あります。」

3 「彼らを助けるために〜に送られました。」副詞的用法。　ア「訪れたいと思っています」名詞的用法。　イ「食べ物を見つけるために〜」副詞的用法。　ウ「何か飲む物を〜」形容詞的用法。　エ「彼にとって 〜魚を料理することは難しかった。」It is … for － to 〜. の文。

7 不 定 詞 ②

本文p.16

1 (1) what, to
 (2) helped, make[cook]

2 (1) don't know what to do
 (2) decide where to go
 (3) Let me introduce myself.
 (4) show us how to go out
 (5) ask her to call me
 (6) wants me to come
 (7) me how to make it

3 (例) (1) Let me play the piano.
 (2) At first I didn't know what to do.

解 説

1 (1)「何をすればよいのか」＝ what to do
 (2)「(人など)が～するのを手伝う」＝〈help
 ＋人など＋動詞の原形〉

2 (1)「私はまず何をすればよいかわかりません。」 (2)「どこへ行くべきか決めることは難しいです。」 (3)「私に自己紹介をさせてください。」 (4)「私たちの先生は私たちにその建物からの出かたを教えてくれるでしょう。」 (5)「彼女にかけなおすように頼んでくれませんか。」 (6)「私の母は, 今日, 私に早く家に帰ってほしいと思っています。」 (7)「それの作り方を教えていただけませんか。」

3 (1)「～に…させてやる」は〈let ＋人など＋動詞の原形〉で表す。 (2)「最初は」＝ at first は文末でもよい。「何をしたらよいか」＝ what to do

POINT 〈疑問詞＋to＋動詞の原形〉の疑問詞は,〈疑問詞＋名詞〉となることがある。
I didn't know <u>which bus</u> to take.「私は, どちらのバスに乗ればよいかわかりませんでした。」

8 接 続 詞

本文p.18

1 if
2 (1) ア (2) ウ
3 (1) us if you (2) when he has
 (3) sure we can see
 (4) I think you should go to see her
 (5) send me the book after

解 説

1「もし明日, 天気がよかったら野球をしましょう。」tomorrow があるが,〈if ＋主語＋動詞〉の動詞は will を使わずに現在形で表す。
2 (1)「お誕生日おめでとう。これはあなたへのプレゼントです。」「ありがとう。開けてもいいですか。」「もちろん。気に入ってくれるといいなと思います。」 (2)「あなたは正月パーティーについての E メールを読みましたか。」「はい, 読みました。私にその E メールを送ってくれてありがとうございます。私はパーティーに行きます。」「すばらしいです。私もほんとうにそれに参加したいです。私は体調が悪くて昨年そのパーティーに行けませんでした。」「あなたが来れるといいなと思います。」

3 (1)「もし～なら」＝〈if ＋主語＋動詞〉 (2)「～ときは」＝〈when ＋主語＋動詞〉 (3)「私は私たちがすばらしい式典を見ることができると確信しています。」I'm sure (that) ～＝「きっと～だと思う, 確信している」 (4)「私はあなたが彼女に会いに行き, さようならを言うべきだと思います。」 (5)「その本を読み終わったあと, 私にそれを送ってくれませんか。」

POINT **1** のように接続詞に関する問題は, 前後の文がヒントになっていることが多いので, 必ず最後まで文を読むこと。

9 比較表現 ①

本文 p.20

1 (1)earlier　(2)best

2 (1)as　(2)the tallest of

3 the, most, popular

4 (1)is the most exciting sport

(2)is not as cold as

(3)What is the most interesting

(4)think that box is as

(5)Reading books is more popular
than listening to music.

(6)the best tennis player

解　説

1 (1)「私の姉［妹］は私よりも早く起きます。」
(2)「タケシは私たちのチームで最も上手な野球選手です。」

2 (1)「ジョニー・デップの新しい映画は彼の前の映画ほどおもしろくありません。」

(2)「東京スカイツリー，東京タワー，明石海峡タワーは日本でとても高い３つのタワーです。ご存じのとおり，東京スカイツリーが３つの中でいちばん高いです。」

3 「最も～な…のうちの１つ」＝〈one of the ＋最上級＋複数名詞〉を使う。

4 (1)「サッカーは私にとって最もわくわくするスポーツです。」　(2)「私は，今日は昨日ほど寒くないと思います。」「…ほど～ない」は〈not as ～ as …〉。　(3)「あなたにとって最もおもしろい授業は何ですか。」「音楽の授業です。」　(4)「私はあの箱がこの箱と同じくらい大きいと思います。」　(5)主語は Reading books。「音楽鑑賞よりも」＝ than listening to music　(6)「最も上手なテニス選手」と考える。

POINT 語形変化では，英文の前後を見て，as ～ as の文，比較級，最上級のどれかを考える。
例：than ＝「～よりも」…比較級でよく使う語。
the, in, of …最上級でよく使う語。

10 比較表現 ②

本文 p.22

1 (1)smaller　(2)busiest　(3)better

(4)more

2 youngest

3 taller, any

4 (1)is the most delicious

(2)run as fast as

(3)the highest of all the mountains

(4)send me the information as soon
as possible

(5)This bar is three times as long as
that one.

解　説

1 (1)「それはこれよりも小さいです。」　(2)「彼は私たちの会社でいちばん忙しい人なので，彼はいつも夜遅くまで働きます。」　(3)「私は

彼よりも上手にそれをしました。」well は不規則変化。　(4)「私はトムがあなたよりもたくさんのＣＤを持っていると思います。」many は不規則変化。

2 「私には２人の兄がいます。だから私は３人の中でいちばん年下です。」という意味。

3 「ポールはクラスのほかのどの生徒よりも背が高いです。」「いちばん背が高い生徒」を「ほかのどの生徒よりも背が高い」と書きかえる。

4 (1)「私は熊本産のお米が日本でいちばんおいしいと聞いています。」　(2)「私はケンと同じくらい速く走ります。」　(3)「それは神奈川のすべての山の中で最も高いです。」　(4)「できるだけ早く」＝ as soon as possible　(5)「３倍」＝ three times を as ～ as の前に。

POINT **2** では，old ＝「年上の」から young＝「年下の」を導いて答える。比較の問題では，対義語や関連語がヒントになることがある。

サクッ！と入試対策 ③

本文p.23

1 (1) before (2) how (3) eating

2 (1) more expensive than that one
(2) can help each other when
(3) is difficult for us to get
(4) call you when I leave
(5) I like it because it is easy to
(6) idea is not as good

3 ア

解 説

1 (1)「それでは，私たちが和菓子を食べる前に写真を撮りましょう。」 (2)「私は博物館へどのように行けばいいかわかりません。私はだれかにたずねなければいけません。」
(3)「あなたはアイスクリームを食べすぎることをやめるべきです。」

2 (1)「このかばんはどうですか。すてきな色です。」「よさそうですが，それはあれよりも高価です。」 (2)「私たちは困ったときにお互いに助け合うことができます。」 (3)「水を手に入れることは私たちにとって難しいです。」 (4)「私は私の部屋をそうじしなければいけないので，家を出るときにあなたに電話します。」 (5)「私はあなたがこのビデオカメラをとても気に入っていると聞きました。」「はい。使いやすいので，私はそれを気に入っています。」 (6)「メアリーはとてもよいことを言ったと思います。」「私はそうは思いません。彼女のアイデアは私のものほどよくありません。」

3 空所の後の対話から，体調がよくなかったことが分かるものを選ぶ。

> POINT 並べかえ問題では，主語と動詞に注目する。（代）名詞のほか，不定詞や動名詞も主語になることを覚えておく。

サクッ！と入試対策 ④

本文p.24

1 (1) Helping (2) big as its mother
(3) to study

2 (1) think of something good to
(2) didn't know how to recycle garbage
(3) Don't be afraid of making mistakes.
(4) what color do you like the best
(5) you back if you want
(6) dogs are more popular than
(7) what to do by using

3 （例） I want to learn how to cook [make] them.

解 説

1 (1)「私の父は医者です。病気の人々を助けることが彼の仕事です。」 動名詞が主語。
(2)「そのネコはいつその母親と同じくらい大きくなりましたか。」 (3)「私たちの先生は，以前よりも熱心に英語を勉強するように私たちに言いました。」〈tell ＋人＋ to ＋動詞の原形〉の文。

2 (1)「パーティーに持ってくる何かいいものを考えてくれませんか。」〈something ＋形容詞＋ to ＋動詞の原形〉＝「…する何か〜なもの」 (2)「私はゴミを再利用する方法を知りませんでした。」 (3)「間違えることを恐れてはいけません。」 (4)「ジロウ，あなたは何色がいちばん好きですか。」 (5)「すみません，ジェフは風呂に入っています。よろしければ，あなたにかけなおすように言いましょうか。」 if you want ＝「（あなたが）よければ，お望みなら」 (6)「私はペットのネコがほしいです。ネコはとてもかわいいですよね。」「ええ，でも日本では犬のほうがネコよりも人気があります。」 (7)「私たちにコンピュータを使って何をすべきか教えてください。」 by 〜ing ＝「〜することで」

3「〜したい」＝ want to 〜，「〜のしかた」＝ how to 〜を使う。

11 受け身

本文p.26

1 (1) built　(2) written　(3) sung

2 (1) was　(2) was, born

3 (1) are these flowers called in
(2) can be found in many
(3) is made of old jeans
(4) surprised to know they were
(5) is made in

4 (例) Basketball is loved by many people.

解　説

1 (1)「2か月後，新しい学校は建てられました。」　(2)「その本は日本人の男性によって書かれました。」　(3)「その歌は世界中のたくさんの子どもたちによって歌われています。」

2 (1)「建てられた」から〈be 動詞＋過去分詞〉に。　(2)「生まれる」＝ be born

3 (1)「これらの花は英語で何と呼ばれていますか。」be 動詞を主語の前に置くので〈疑問詞＋ be 動詞＋主語＋過去分詞〉に。　(2)「有名なキャラクターが私の周りのたくさんの場所で見つけられます。」助動詞 can があるので，can be found とする。　(3)「おや，いいかばんを持っていますね。」「ありがとう。それは古いジーンズで作られています。」be made of ～＝「～で作られる」　(4)「私はそれらがアメリカで見つけられたと知って驚きました。」ここでは「～して驚く」＝〈be surprised to ＋動詞の原形〉。　(5)「～製の」＝ made in ～

4 主語は basketball。「愛されています」から受け身形に。

> **POINT**〈be 動詞＋過去分詞〉を「～される」と訳すかどうか考える。**3**(4) be surprised は「驚かされた」ではなく「(人が)～に驚く」の意味。

12 現在完了

本文p.28

1 イ

2 (1) eaten　(2) been　(3) haven't seen
(4) had

3 (1) have been good friends since
(2) has not finished his homework
(3) never seen such an interesting
(4) They have been practicing since

4 (例)(1) Have you ever been to Kyoto?
(2) I have just finished (writing) the [my] speech.

解　説

1 Kenta の発言によって，Ryan が一緒に見に行こうと提案した映画を変更していることから，「私はそれをもう見ました。」を選ぶ。

2 (1)「(一度も)～したことがない」は〈have [has] never ＋過去分詞〉で表す。　(2)「彼女は先週からずっと病気です。」　(3)「私の祖父は大阪に住んでおり，私は彼に2か月間会っていません。」文末に期間を表す for がある。　(4)「エリック，あなたは今までに茶道の経験はありますか。」「いいえ，ありませんが，興味深いそうですね。」「今までに～したことがありますか」＝〈Have you ever ＋過去分詞～?〉

3 (1)「私たちは中学生のときからずっとよい友達です。」　(2)「ケンはまだ宿題を終えていません。」　(3)「私はこんなにおもしろい映画を一度も見たことがありません。」　(4)「部員たちは体育館にいますか。」「はい。彼らは昼食を食べてからずっと練習しています。」〈have been ＋動詞の ing 形〉で現在完了進行形の文。

4 (1)「～に行ったことがある」＝ have been to ～を疑問文に。　(2)「ちょうど」＝ just を使う。

> **POINT**「ずっと～している」という言い方は，ふつう状態を表す動詞では現在完了(継続用法)を，動作を表す動詞では現在完了進行形を使うことが多い。

13 文 構 造 ①

本文 p.30

1 (1) for, me　(2) made, her

2 (1) am sure your dream will come true
(2) made me interested in recycling
(3) bring it to you
(4) gave me these beautiful flowers
(5) tried to make it more famous
(6) I'm afraid that he won't come

3 (例) (1) What do you call this flower in English?
(2) I'm glad [happy] (that) you liked my present.

解 説

1 (1)〈buy ＋人＋もの〉→〈buy ＋もの＋ for ＋人〉
(2)「彼女は赤ちゃんの笑顔を見たとき，幸せに感じました。」→「赤ちゃんの笑顔が彼女を幸せにしました。」make ～ … =「～を…にする」
2 (1)「あなたはとても一生懸命に努力しているの

で，私はあなたの夢がかなうと確信しています。」 I'm sure (that) ～.「きっと～だと思う，確信している」　(2)「それ（＝この本）は私にリサイクルに興味を持たせました。」　(3)〈もの〉に代名詞がくるときは,〈もの＋ to[for] ＋人〉の形。　(4)「トムが私にこれらの美しい花をくれました。」〈give ＋人＋もの〉の語順。　(5)「彼女（＝ワンガリ・マータイ）はそれ（＝『もったいない』という日本語）を世界でもっと有名にしようともしました。」
(6) I'm afraid (that) ～ =「～ではないかと心配する」
3 (1) call ～ … =「～を…と呼ぶ」の〈...〉の部分を what でたずねる文。　(2) I'm glad [happy] (that) のあとに〈主語＋動詞 ～〉を続ける。

POINT 第4文型と第5文型の make の見分け方。
She made me a dress. me ≠ a dress から第4文型
（彼女は私にドレスを作ってくれました。）
She made me angry. me = angry から第5文型
（彼女は私を怒らせました。）

14 文 構 造 ②

本文 p.32

1 エ

2 (1) why this school is so beautiful
(2) know how often they practice
(3) me where the museum is
(4) told me that I should finish
(5) how many foreign people came to Japan from
(6) Do you think talking with friends is
(7) Will you tell me which book I should read?

3 (例) Nobody [No one] knows who will take care of the children.

解 説

1 昨日の朝バスでかさをなくしたことと，バスの番号を答えていることから，「あなたはどの

バスに乗ったか覚えていますか。」を選ぶ。
2 (1)「私はなぜこの学校がこんなに美しいのか理解しています。」why のあと〈主語＋動詞 ～〉の語順に。　(2)「私は彼らが毎週何回練習するのかを知りたいです。」　(3)「博物館がどこにあるか私に教えてくださいませんか。」動詞 tell の目的語を〈人＋間接疑問〉の順に置く。　(4)「私の母はすぐに宿題を終えるべきだと私に言いました。」動詞 told の目的語を〈人＋ that 節〉の順に置く。　(5)「図2を見てください。それは 2011 年から 2018 年まで何人の外国人が日本に来たかを示しています。」疑問詞を含む〈how many ＋名詞の複数形〉が主語の間接疑問。　(6)接続詞 that が省略された文。疑問文でも that 以下は〈主語＋動詞 ～〉の語順。　(7)「どの本」= which book
3 疑問詞 who を主語にした間接疑問。〈疑問詞（＝主語）＋（助）動詞 ～〉とする。

15 前置詞

1 (1)for (2)as (3)from (4)since (5)by
2 (1)like (2)by
3 (1)for (2)without
4 (1)is loved by many people around
  (2)It is between the library and
  (3)standing in front of

解説

1 (1)「私は2週間ロンドンにずっといます。」
for =「～の間（期間）」，現在完了の文で使うことが多い。 (2)「みそは調味料としてよく使われます。」as =「～として」 (3)「新しい先生が私たちの学校に来ました。彼女はアメリカから来ました。」from =「～から」
(4)「私はそのときからたくさんのおもしろいものを見ています。」 since（then）=「（そのとき）から」，forとsinceを合わせて覚える。
(5)「1冊のノートと1本のえんぴつが日本人の男性によってあたえられました。」

2 (1)「～のように」= like (2)「飛行機で」= by plane，〈by＋交通手段〉=「～で」

3 (1)「水をありがとう。」 (2)「紅茶にミルクを入れますか。」「いいえ，けっこうです。私はいつもミルクなしで紅茶を飲みます。」

4 (1)「それは世界中のたくさんの人々によって愛されています。」「愛されている」は受け身で表す。 (2)「私の町によいお店があります。それは図書館と病院の間にあります。」
between A and B =「AとBの間に」 (3)「かごの前に立っているボランティアは『彼らは新しい飼い主を必要としています。』と言いました。」in front of ～ =「～の前に」

POINT 前置詞は単語の意味だけでなく，表現として，使い方も合わせて覚えておく。

サクッ！と入試対策 ⑤

本文p.35

1 (1)been (2)built (3)eaten
2 (1)been, sleeping, for
  (2)made, us (3)has, gone
3 ① been ② since
4 (1)know why Kai's grandmother made
  (2)sure that she will like
  (3)How many times have you been
  (4)you know how tall the tower is
5 (例) Have you finished your homework
  (yet)?

解説

1 (1)「私は今朝からずっと忙しいので疲れています。」have と since ～から，現在完了の文に。 (2)「この建物は約50年前に建てられました。」〈be動詞＋過去分詞〉に。
(3)「これは私の人生で今までに食べた中でいちばんおいしいカレーです。」
2 (1)「私の兄［弟］は1時間ずっと眠っています。」has から，現在完了進行形の文に。
(2)「その知らせは私たちを悲しませました。」第5文型の文。 (3)「彼はオーストラリアに行ってしまいました。」have gone to ～ =「～へ行ってしまった」は今はここにいないことを表す。
3 「～から」= since
4 (1)〈why＋主語＋動詞～〉の語順。 (2)「彼女はきっとあなたのプレゼントを気に入ると思います。」I'm sure（that）～ =「きっと～だと思う」 (3)「あなたは何回そこへ行ったことがありますか。」「3回です。」how many times ～ =「何回～」 (4)「あなたはそのタワーがどのくらい高いか知っていますか。」
5 (例)「あなたは（もう）宿題を終えましたか。」「いいえ，まだ終えていません。それはとても難しいです。」ジュンが〈have＋過去分詞〉で答えていることに注目。

サクッ！と入試対策 ⑥

本文 p.36

1 (1) will be held　(2) on　(3) sung
　　(4) have　(5) as

2 (1) Mike showed me a picture
　　(2) tell me when he will arrive
　　(3) English and French are spoken in Canada
　　(4) How long have you been playing
　　(5) soybeans people eat are brought from
　　(6) you know how old it
　　(7) Many stars can be seen on the top

3 (例) His song is loved by a lot of [many] people.

解 説

1 (1)「彼女の誕生日パーティーは来月開かれます。」〈will be ＋過去分詞〉で未来の受け身の文。
(2)「あなたはピアノを習い始めたのですよね。ピアノのレッスンはいつありますか。」「ええと、週末にピアノのレッスンがあります。」　(3)「あなたはこの歌を歌うことができますか。」「はい。この歌は日本の音楽の授業でよく歌われます。」(4)「あなたはこの歌が好きですか。」「はい。私はそれを初めて聞いてから、ずっと大好きです。」(5)「彼はこの市で生まれ、のちにすばらしい医者として知られました。」as ～＝「～として」

2 (1)「マイクは彼の家族の写真を私に見せてくれました。」SVOO の文。　(2)「彼が明日いつここに着くか私に教えてくれませんか。」　(3)「あなたは英語とフランス語がカナダで話されていることを知っていましたか。」「いいえ、知りませんでした。それはおもしろいですね。」　(4)「あなたはどのくらいの間ギターを弾いていますか。」「約 2 時間です。」How long ～? で期間をたずねる。　(5)「日本では、人々が食べるたくさんの大豆はほかの国から持ってこられます。」　(6)「あなたはそれがどれくらい古いか [何歳か] 知っていますか。」　(7)主語は Many stars。〈助動詞＋ be ＋過去分詞〉の語順に。

3 主語は「彼の歌」＝ His song，「愛されています」から受け身形に。「多くの人」＝ a lot of [many] people。

---

16 分　詞

本文 p.38

1 (1) sitting　(2) called　(3) wearing
　　(4) used

2 (1) living　(2) taken　(3) written

3 (1) picture of a boy running
　　(2) This book written by him
　　(3) interesting games played in Japan
　　(4) read by many people
　　(5) is the tall girl listening

解 説

1 (1)「座っている」＝ sitting が The girl を修飾。
(2)「私はジヴェルニーと呼ばれている小さな村でそれらを撮りました。」「呼ばれている」＝ called が a small village を修飾。
(3)「これはとても美しい着物を着ている文楽人形です。」　(4)「なぜ私たちは英語を学ぶのですか。」「それは世界中の多くの人々に使われている言語だからです。」

2 (1)「私たちはその日，大阪に住んでいる私の友達に会うつもりです。」　(2)「彼に撮られた写真はとても美しかった。」　(3)「これは彼らの 1 人によって書かれた感謝の手紙です。」

3 (1)「それは川に沿って走っている男の子の写真でした。」　(2)「私は夏目漱石が好きです。彼によって書かれたこの本は私にとって最もおもしろいです。」　(3)「けん玉とは何ですか。」「それは日本でされている最もおもしろい遊びのうちの 1 つです。」　(4)「私は『羅生門』を読んでいます。これは日本でたくさんの人々に読まれている有名な本の 1 冊です。」　(5)「向こうで音楽を聴いている背の高い女の子はだれですか。」

POINT 分詞と修飾される語の関係に注目。
2(1)「友達」「住んでいる」，(2)「写真」「撮られた」，(3)「手紙」「書かれた」。「～している」か「～される」で現在分詞と過去分詞を使い分ける。

17 関係代名詞 ①

本文p.40

1 (1) that (2) which

2 who[that]

3 (1) who are interested in science and math join
(2) people who visit Kumanokodo take
(3) help people who are in
(4) people who live near our school
(5) this the bus which goes
(6) for them to find someone who could
(7) a soccer player who is popular among
(8) you see the train which

解　説

1 (1)「おもてなしという言葉を知っています か。それはよいサービスを意味する日本語で す。」先行詞は〈もの〉。 (2)「私は，私に中 華料理の作り方を教えてくれる本を買いまし た。」

2 「職員の方」を「図書館で働く人」と考える。

3 (1)「科学と数学に興味がある中学生がその コンテストに参加します。」 (2)「熊野古道を 訪れるたくさんの人々はごみを家に持って帰 ります。」文の動詞は take。関係代名詞 who のあとに visit。 (3)「私は困っている人々を 助けたいと思います。」 (4)「私たちは学校の 近くに住んでいる人々と一緒にそれをするつ もりです。」 (5)「これは空港行きのバスです か。」「空港に行くバス」と表す。 (6)「彼ら にとって，彼らを助けてくれるだれかを見つ けることは難しかった。」 (7)「彼がだれか 知っていますか。」「彼は女の子の間で人気の あるサッカー選手です。」 (8)「駅を出発しよ うとしている電車を見ることができますか。」

18 関係代名詞 ②

本文p.42

1 (1) things you did not know by visiting
(2) make things they needed in

2 (1) this is the book you
(2) place you want to
(3) the cakes she makes
(4) the book that I have to read
(5) most beautiful picture I've ever
(6) The watch my uncle gave me is one
(7) is the thing you usually

解　説

1 (1) many things と you did not know の間の 関係代名詞を省略。 (2) to があるので，動 詞の原形 make のあとに「生活の中で必要 だったもの」＝ things they needed in their life を続ける。

2 (1)「これが電車で置き忘れた本だというの は確かですか。」「もちろんです。それは私の ものです。」 (2)「それはあなたが訪れたい場 所ですよね。」place を you want to visit が修 飾。 (3)「私は彼女の作るケーキがおいしい ので好きです。」 because のあとの主語を 〈名詞＋（関係代名詞）＋主語＋動詞〉で表す。 (4)「これは宿題のために私が読まなければな らない本です。」 (5)「あなたはこの写真が好 きですか。」「はい。それは今まで見た中で最 も美しい写真だと私は思います。」 (6)「私の おじが私にくれた時計は私の宝物の１つで す。彼は誕生日プレゼントとしてそれを私に 買ってくれました。」「時計」のあとに「私の おじが私にくれた」を並べる。 (7)「あなた がひまな時間にふだんすることは何ですか。」 the thing を you usually do ～が修飾。usually が〈主語＋動詞〉の動詞の前に入る。

POINT 〈関係代名詞＋動詞〉は主格，〈関係代 名詞＋主語＋動詞〉は目的格と語順からも判断 できる。

19 仮 定 法

本文p.44

1 (1) If, were, could　(2) wish, had

2 (1) had, could　(2) she, were

3 (1) I wish I could dance as well as Emi.
(2) If Ken studied, he could pass the exam.
(3) I wish I were a good baseball player.
(4) If I had an umbrella, I would lend
(5) I wish my mother would buy me
(6) knew how to cook, I could make

4 (例) (1) If I were you, I wouldn't[would not] buy the bag.
(2) I wish I could play the piano.

解 説

1 (1)仮定法過去の文では，主語が I でも were を使うことが多い。助動詞も過去形にする。
(2) I wish のあとは〈主語＋動詞の過去形〉。

2 (1)「私の父は車を持っていないので，私たちを海に連れて行くことができません。」→「もし私の父が車を持っていたら，私たちを海に連れて行くことができるのに。」　(2) I wish に続く節の中で，be 動詞は主語に関係なく were を使うことが多い。

3 (1)〈I wish ＋仮定法過去（主語＋(助)動詞の過去形）～.〉の形。　(2)〈If ＋主語＋動詞の過去形, 主語＋助動詞の過去形＋動詞の原形 ～.〉の形。　(3)「上手な野球選手だったらいいのに。」
(4)「もしかさを持っていたら，あなたに貸してあげるだろうに。」　(5)「母が私に新しいコンピュータを買ってくれればいいのに。」I wish に続く助動詞は過去形を使うので, will が不要。
(6)「もし私が料理のしかたを知っていたら，あなたに夕食を作ってあげられるのに。」文の後半が I could make ～となる仮定法の文。動詞は過去形 knew を使う。know が不要。

4 (1)「(もし～なら) …しないだろう」という仮定は〈wouldn't[would not] ＋動詞の原形 ～〉で表す。　(2)「～できたらいいのに」は I wish のあとに〈主語＋ could ＋動詞の原形 ～〉を続ける。

サクッ！と入試対策 ⑦

本文p.45

1 (1) asked　(2) which　(3) could go

2 (1) boy reading a book
(2) know someone who can teach me
(3) about buildings built
(4) studying at school is becoming larger than
(5) the book I liked when

3 (1) If I lived in Tokyo, I could help
(2) The only thing that I wanted to buy was hot coffee.
(3) The picture painted by Picasso is one of the most expensive works

解 説

1 (1)「私は先生によってたずねられた質問に答えることができませんでした。」asked ～ が the question を修飾。　(2)「これは日本で人気のあるカメラです。」which は主格の関係代名詞。　(3)「彼が私と一緒に公園に行けたらなあ。」I wish に続く節の (助) 動詞は過去形にする。

2 (1)「あなたは木の下で本を読んでいるあの男の子を知っていますか。」 reading ～ が that boy をうしろから修飾する。　(2)「あなたは私に中国語を教えることができる人を知っていますか。」先行詞 someone を who ～が修飾。　(3)「それは暑い国で建てられた建物についての記事でした。」　(4)「アフリカでは学校で勉強している子どもの数は以前よりも増えています。」「子どもの数」＝ the number of children を studying ～ が修飾。
(5)「これは私が子どものころに好きだった本です。」book と I の間の関係代名詞を省略。

3 (1)仮定法〈If ＋主語＋過去形, 主語＋助動詞の過去形 ～.〉で表す。　(2)The only thing＝「唯一のもの」に〈関係代名詞 that ＋主語＋動詞〉が続く。　(3)「描かれた」を過去分詞で表す。

サクッ！と入試対策 ⑧

本文p.46

1 (1)working　(2)had　(3)were
　　(4)the teacher chose　(5)used

2 (1)is a picture taken by my brother
　　(2)the pen you're looking for
　　(3)If it were sunny, I could practice soccer.

3 she liked reading short stories
　written for small children

4 （例）The man（who is）drinking tea
　is my brother.

解　説

1 (1)放課後「この写真のこの女性はだれですか。」「これは中国で働いている私の姉［妹］です。」　(2)「私がたくさんのお金を持っていれば，彼女にいくらかのお金をあげるのに。」　(3)「私が医者ならなあ。」　(4)「先生が選んだ

その本は生徒たちには難しすぎました。」
(5)「カードを持って戻ってきたあと，アンはそれらをミサキに見せ，クリスマスカードに使われているいくつかの英語の表現を彼女に伝えました。」

2 (1)「これは私の兄［弟］によって撮られた写真です。」　(2)「これはあなたが探しているペンですか。」the pen を you're looking for が修飾する。　(3)「晴れなら，私はサッカーを練習できるのに。」

3 「短い物語」＝ short stories のあとに written 〜を置く。

4 「男性」＝ The man のあとに「飲んでいる」＝ drinking を置く。関係代名詞や分詞で表せる。

> **POINT** 関係代名詞 ⇔ 分詞の書きかえ
> **4**　現在分詞 ⇔ 関係代名詞＋進行形
> 　　過去分詞 ⇔ 関係代名詞＋受け身
> 　例：This is the book（which is）written in English.「これは英語で書かれた本です。」

20　長 文 読 解 ①

本文p.48

1 (1)ウ　(2)(a)ウ　(b)ア　(c)イ

解　説

1 (1)第４段落でリョウが問題を解き，カズキが自信を持ったことを読み取る。(2)(a)第１段落で Little Teacher Program に参加したとわかる。(b)第４段落１文目「図を使って」参照。(c)第５段落リョウのお母さんの発言に注目。

全文訳

カズキは中学生です。７月の上旬，彼は夏休みの間にすることを探していました。ある日，彼は校内新聞でリトルティーチャープログラムについて読みました。そのプログラムでは，中学生が幼い子どもたちの宿題を手伝います。彼はボランティアとしてこのプログラムに参加することを決めました。

プログラムの最初の日，カズキは男の子に会いました。彼の名前はリョウでした。彼は５年生でした。彼らが大好きなことについて話をしたあとに，リョウは算数の質問に答え始めました。約１０分後に，彼はカズキに助けを求めました。カズキは答えを知っていてそ

れの出し方をリョウに説明しました。しかし，リョウは理解することができませんでした。カズキは教え方を変えることができると考えました。

家でカズキはリョウに教えるよりよい方法を見つけようとしましたが，彼は長い間それを見つけることができませんでした。それから，彼はある考えが浮かびました。彼が５年生の時に使っていた算数のノートを見ることです。彼がノートを見ると，算数の質問に答える方法を説明するたくさんの図があるのを見つけました。彼は思いました。「これらの種類の図はそのとき大いに僕の役に立った。だからリョウも答えを見つけるためにそれらが必要だろう。僕は彼がわずか１１歳ということを覚えておくべきだ。」それからカズキはリョウのために準備をしました。

次の日，カズキはリョウに図を使って教えました。リョウは「答えがわかった。これらの図はすごい。」と言いました。そしてリョウは同じ方法でもっとたくさんの問題に答えました。カズキは教えることに自信を感じました。彼はまた，リョウに教えることを楽しみ始めました。夜，カズキはもう一度自分のノートを開きました。

最終日，リョウは宿題を終えました。彼らはとてもうれしかったです。そのときに，リョウのお母さんがカズキのところに来て言いました。「どうもありがとう。彼はいつもあなたの教え方が好きだと言っていたわ。あなたは彼をたくさん助けてくれました。」カズキはそれを聞いてうれしかったです。リトルティーチャープログラムは彼にとって役立ちました。

21 長文読解 ②

本文p.50

1 (1) ウ

(2) **(例)** 豚肉やエビなどのお好み焼きの材料はほかの国々から輸入しているから。

(3) ア

解説

1 (1)第3段落3文目から表のAはカナダとわかる。第3段落4文目に「1963年の率はアメリカがフランスより高いにもかかわらず，2013年は同じくらい」とあるので，Bがアメリカ，Cがフランスとわかる。
(2)第3段落後半と下線部①の直後の文参照。
(3)**ア** 第2段落と一致。 **イ** 第1段落最終文とその前の文参照。 **ウ** 右のグラフからベトナムは19.5%。 **エ** 第3段落1，2文目参照。

全文訳

ぼくは先週母とお好み焼きを作りました。ぼくたちが作っている間，彼女は「あなたはお好み焼きは日本の食べ物だと思う？」と言いました。ぼくは「もちろん。」と答えました。すると彼女は「その通り，でもいくつかの材料は他の国々から来ているの。例えば，私たちが今使っている豚肉とエビは海外から輸入されているわ。私たちは多くの材料を外国に頼っているのよ。」と言いました。そのときぼくは「食料自給率」という言葉を思い出しました。ぼくは学校で日本の食料自給率は半分より少ないと学びました。

では，ぼくたちが食べる食べ物はどこから来ているのでしょう。まず2つのグラフを見てください。ぼくたちが豚肉とエビをこれらの国々から輸入していることがわかります。左のグラフは豚肉のほぼ半分がアメリカとカナダから輸入されていることを示しています。右のグラフを見ると，エビはアジアのいくつかの国々から来ていることがわかります。ぼくはそれらをそんなに多くの様々な国々から輸入していることに驚きました。

では，表を見てください。これは4か国の1963年と2013年の食料自給率についてです。1963年と2013年の両方でカナダの食料自給率が最も高いことがわかります。そして1963年はアメリカの率がフランスの率よりも高いにもかかわらず，2013年はフランスとアメリカの率はほぼ同じです。1963年と2013年の率を比較すると，日本の率だけが1963年から2013年で下がっています。表は2013年に日本は約60%の食べ物を外国から輸入していることを示しています。何も食べ物を輸入できなければ，ぼくたちは大変なことになるかもしれません。

ぼくはお好み焼きは「日本の」食べ物だと思っていました。でもそれは「国際的な」食べ物と言うこともできます。ほかにもたくさん輸入している物はあるでしょう。だからあなたたちが次回スーパーマーケットに行ったら，それらがどこから来たのか確認してみてはどうですか。

サクッ！と入試対策 ⑨

本文p.50

1 (1) ショーで歌う準備をするため。

(2) 4 (3) **X** 困難な経験 **Y** 歌うことで人々に喜びを与えることができる

(4) **(例)** ①Yes, she did. ②She felt how much Emi loved her home.

(5) エ→イ→ア→オ→ウ

解説

1 (1)（ 2 ）のあとの内容を読み取る。 (2) those songs は（ 4 ）の前の a few more Japanese songs と考えると，「日本の歌を歌った」⇒「生徒たちはそれらの歌を知らなかった」⇒「しかし，彼女の美しい声に魅了された」となる。 (3)**X** 第3段落2文目 difficult experiences の内容。 **Y** 第3段落3文目の because ～以下をまとめる。 (4)①第1段落中盤でエミが I guessed so. と言っている。 ②第3段落最後から4文目参照。 (5)**ア**「美しいドレスを着た女性はホールが暗くなったあとに歌い始めました。」第2段落6文目以降の内容。 **イ**「夕食が始まったとき，生徒たちはホールのテーブルに座りました。」第2段落4文目までの内容。 **ウ**「カオリはサクランボがなった木を庭で見たとき，彼女はエミを思い出しました。」第4段落の内容。 **エ**「女性がカオリとユウジに話しかけたが，彼らは彼女を知りませんでした。」第1段落の内容。 **オ**「エミは歌を歌い終わったあと，ほほえんでホールを出ていきました。」第3段落最後から3文目の内容。

全文訳

修学旅行のある夜にカオリのクラスは大きな船にいました。生徒たちは船のホールで夕食を食べ，ショーを見ようとしていました。彼らはドアのそばで待っていました。カオリはユウジと夕食について話していました。ある若い女性が来て彼らに言いました。「こんにちは。あなたたちは中学生ですか。どこから来たので

15

すか。」「山形県です。」とカオリが答えました。「私は
そう思いました。私はあなたたちの声を聞きました。
私はあなたたちの方言が大好きです。」その女性が言い
ました。ちょうどそのとき，ある男性が彼女たちの近
くの部屋から出てきて言いました。「時間です。準備を
してください。」「わかりました。そうしましょう。」若
い女性が答えました。彼女はカオリに言いました。「私
は今東京に住んでいますが，私も山形県出身です。夕
食を楽しんでね。」若い女性は部屋に入りました。カオ
リとユウジは思いました。「彼女はだれだろう。」

　夕食が始まりました。たくさんの人々がホールのテー
ブルにいました。外国から来ている人もいました。生
徒たちはテーブルの席につきました。少ししてから，
男性が入ってきてホールのピアノのところに座りまし
た。それから，ホールが暗くなりました。ライトが美
しいドレスを着た若い女性を照らしました。彼女はピ
アノのそばに立っていました。「あの女性だ！」カオリ
は驚きました。「彼女は夕食の前に私たちに話しかけま
した。」彼女はとなりにいたユウジに言いました。ユウ
ジも驚きました。みんな女性を見ました。男性がピア
ノを弾き始め，女性は歌い始めました。その歌は美し
かった。歌のあとに彼女は言いました。「こんばんは。
私の名前はエミです。ここでお会いできて光栄です。」
それから彼女はさらに2，3曲日本の歌を歌いました。
生徒たちはそれらの歌を知りませんでした。しかし彼
らは彼女の美しい声に魅了されました。

　その後にエミは聴衆に話しかけました。彼女は高校卒

業後，山形県から来たこと，東京に一人で住んでいるこ
と，そして仕事での困難な経験について話をしました。
しかし彼女は歌うことで人々に喜びを与えることができ
るので幸せだと言いました。彼女は言いました。「今日，
私の故郷の山形県からここへ中学生が来てくれました。
私は本当に自分の故郷が大好きです。それはいつも私の
心にあり，私はいつか帰るつもりです。」エミが最後に
歌った歌は「故郷」という日本の歌でした。その歌を通
して，カオリはエミがどれだけ彼女の故郷を愛している
のかを感じました。歌が終わったときに，エミはほほえ
んで出ていきました。外国人の何人かが泣いて「すばら
しい！」と言いました。だれも拍手をやめませんでした。

　次の日にカオリのクラスは国会議事堂を訪れました。
彼らは入り口にいるとき，大きい庭を見ました。彼ら
の担任のスズキ先生は言いました。「この庭には都道府
県から送られた木があります。山形県の木を見つける
ことができますか？」生徒たちはこれを聞いて驚きまし
た。カオリはしばらく庭を見て言いました。「見て！」
山形県の標示のとなりに，たくさんのサクランボがなっ
ている木がありました。生徒たちはその木の周りに集
まりました。ユウジはカオリに言いました。「ぼくは東
京で木にサクランボがなっているのを見られると考え
たこともなかったよ。」「本当ね。」カオリは同意しまし
た。突然，彼女はエミを思い出しました。「この木も東
京でベストを尽くしているわ。」彼女は言いました。そ
の木はエミのように見えました。故郷から遠く離れて
ベストを尽くしている歌手のように。

22 リスニング①

本文 p.54

1 (1)ウ (2)ア (3)イ (4)エ **2** エ **3** ウ

放送内容

1 (1) A：Keiko, many students come to school
by bike.　B：You're right.　When you were in
America, how did you go to school, John?
A：I went to school by bus.　Q：How did John
go to school in America?　(2) A：My grandfather
called me this morning.　He wants to come to
Japan to see me.　B：Good.　When will he
come, Kate?　A：Next month.　I'm excited.
Q：Why will Kate's grandfather come to
Japan?　(3) A：You have so many books,
Yuka!　I can carry some of them for you.　B：
No, thank you, Mr. White.　I'm just going to my
classroom.　But could you open the door?
A：Sure.　Q：What is Mr. White going to
do?　(4) A：Ken, did you watch the TV program

about animals yesterday?　I saw your favorite
movie star and her dogs.　B：Oh, no!　I
went to see my brother's basketball game
then.　So I missed that program.　A：No
problem.　You can see it on TV this weekend,
too.　You should watch it!　Q：What did Ken
miss yesterday?

2 Hiroshi went to a shop last Sunday and
bought two pens.　He also wanted to buy an
English dictionary but he didn't have enough
money.　These are the things Hiroshi bought.

3 John：Aya, last Saturday I saw you in the
park in the morning.　You were playing tennis.
Aya：Oh, did you, John?　I played it all day
and I got very tired.　John：Then, did you play
basketball the next day?　Aya：No, I didn't.　I
stayed home.　I listened to music in the morning,
and I did my homework in the afternoon.
Q：What did Aya do in the morning last
Sunday?

本文 p.56

1 (1) ウ　(2) ウ
　　(3) ア　(4) イ
2 (1) ア　(2) ウ

放送内容

1 (1) This is a picture of a Japanese festival. It
これは日本の祭りの絵です。
is called the Doll Festival and it is a festival
れはひな祭りと呼ばれていて女の子のためのお祭りです。　　　そ
for girls. It is held on March 3rd.
それは3月3日に開かれます。
Q：Which festival is it?
それはどのお祭りですか。
(2) Saori has 6 classes on Mondays. In the
サオリは月曜に6時間授業があります。　　　　　午前中に数
morning she has math, English, Japanese
学と英語と国語と体育を受けます。
and P.E. In the afternoon she has science
午後に彼女は理科を受け、最後の授業は社会です。
and her last class is social studies.
Q：What class does she have after lunch?
彼女は昼食のあとにどの授業を受けますか。
(3) If you want to go to the library, go straight
もし図書館に行きたければ、まっすぐ行って2つめの角を左に曲がりなさい。
and turn left at the second corner. The library
図書館は銀行のと
is on your right, next to the bank.
なりの右側にあります。

Q：Where is the library?
図書館はどこにありますか。
(4) Mr. Tanaka will go to see a baseball game
タナカさんは2人の子どもと野球の試合を見に行くつもりです。
with his two children. The ticket for Mr.
タナカさんのチケットは1,000円
Tanaka is 1,000 yen and the ticket for one
で子ども1人のチケットは500円です。
child is 500 yen.
Q：How much will Mr. Tanaka pay for all the
タナカさんはすべてのチケットにいくら払うつもりですか。
tickets?

2 (1) Look at this picture. It was taken when I
この写真を見てください。　　　　それは私が7歳のときに撮られました。
was seven years old. I was standing next to
私は犬の横に立っていました。
my dog. The boy wearing a cap is my
帽子をかぶっている男の子は私の兄です。
brother. He was taller than me.
彼は私よりも背が高かったです。
(2) I like running. I usually run before breakfast
私は走ることが好きです。　ふつう月曜と水曜と木曜の朝食前に走ります。
on Monday, Wednesday, and Thursday. But
　　　　　　　　　　　　　　　　　　　　　　　　　しかし
this week, it rained on Thursday. So I ran the
今週木曜日は雨でした。　　　　　　だから私は次の日に走
next day.
りました。

本文 p.58

1 (1) C　(2) B　(3) C　(4) B
2 ①博物館　②140　③生活していた

放送内容

1 (1) A 父親：What are you doing, Junko?　女
何をしているの、ジュンコ。
の子：I'm playing the guitar. B 父親：Where
ギターを弾いているの。　　　　　　　新聞はどこ
is the newspaper, Junko? 女の子：It's on the
にあるの、ジュンコ。　　　　　　　　　テーブルの上よ。
table. C 父親：Can you help me, Junko? 女
手伝ってくれない、ジュンコ。
の子：No, I can't. I'm watching soccer on TV.
できないわ。テレビでサッカーを見ているの。
(2) A 女の子：What time is it now, Taro? 男
今、何時、タロウ。
の子：I'm sorry. I don't have a watch. B 女
ごめん。時計を持ってないんだ。
の子：I'm really hungry. Can I eat this? 男の
本当におなかがすいているの。これを食べてもいい。
子：Yes, you can. Please enjoy the food. C
いいよ。　　　　　　どうぞ楽しんでね。
女の子：Look! There are some birds. 男の
見て。　　何羽か鳥がいるわ。
子：Oh! They are singing in the tree. (3) A
ああ。　木でさえずっているね。
母親：What are you doing, Kenta? 男の子：
あなたは何をしているの、ケンタ。
I'm drinking tea. B 母親：Do you have a camera
お茶を飲んでいるよ。　　　かばんの中にカメラを持っているの。

in your bag, Kenta? 男の子：No. I don't have
ケンタ。　　　　　　　　　　　　いや。　持ってないよ。
one. C 母親：Is that bag too small for your trip,
そのかばんは旅行用には小さすぎない？ ケンタ。
Kenta? 男の子：Yes. I need a bigger bag.
　　　　　　　　　そうだね。もっと大きいのが必要だ。
(4) A 女の子：Hi, Satoshi. Look. My friend gave
こんにちは、サトシ。見て。　友達が私にこのプレゼント
this gift to me. 男の子：Wow! You have many
をくれたの。　　　　　　おー。　　たくさんのキレイな花だね。
beautiful flowers. B 女の子：Hi, Satoshi. It's
　　　　　　　　　　　　　　こんにちは、サトシ。晴れ
good to wash shoes on a sunny day. 男の子：
の日に靴を洗うのはいいね。
Yes. I have just washed all the shoes. C 女の
そうだね。ちょうど全部の靴を洗い終わったところだよ。
子：Hi, Satoshi. It's very hot. You need a cap.
こんにちは、サトシ。とても暑い。　　あなたは帽子が必要だよ。
男の子：Oh, my cap is on the table. Please
ああ、僕の帽子はテーブルの上にあるよ。　　持ってきて
bring it to me.
ください。

2 Hideki：What is this building? It looks very
この建物は何なの。　　　　　　　　とても古く見える。
old. Judy：This is a museum. It was built
　　　　　　　これは博物館よ。　　　約140年前に建て
about 140 years ago and used as a school.
られて、学校として使われていたのよ。
Hideki：What can we see here? Judy：You
ここで何がわかるの。　　　　　　　昔、人々
can see how people lived a long time ago. Shall
がどのように生活していたかがわかるわ。　　　　さあ、中
we go inside now? Hideki：OK. Let's go.
に入りましょうか。　　　わかった。行きましょう。

高校入試模擬テスト ①

本文pp.60-63

1 ①13　②30　③宝物　④辞書　⑤40

2 (1)エ　(2)ア　(3)ウ　(4)ア　(5)イ

3 (1)There are many

(2) a　cool　　b　big

(3)(例)　What color does she like?

(4)ア

4 (1)c

(2)(例)・飼い主が帰宅し，イヌに会えてうれしいとき，イヌもうれしくて尾をふること。

・飼い主が泣いていると，ネコが寄ってきて元気づけること。

・飼い主が悲しいとき，イヌも同じように悲しそうに見えること。

(3)ウ　　(4)クマ　　(5)イ

(6)(例)　①They like to go to a zoo.

②No, it didn't.

③Because they had a good time together again.

解　説

1 放送内容参照。

2 (1)「私は，その本がとてもつまらないとわかりました。」〈find ＋名詞＋形容詞〉＝「～が…だとわかる」　(2)「私に電話するのを忘れないでください。」「はい，忘れません。」答えの文は「忘れるつもりはない」＝won't を使うと考える。　(3)「あなたは雨が降る前に家に帰るべきです。」〈before ＋主語＋動詞〉＝「～する前に」の動詞は，未来のことでも現在形を使う。　(4)「このケーキを食べてもいいですか。」「どうぞ，召し上がれ。」(Please) Help yourself. ＝「どうぞお召し上がりください。」　(5)「彼は子どものころ，3年間三重に住んでいましたが，今は名古屋に住んでいます。」「子どものころ」や「今は名古屋に住んでいる」から「三重に住んでいた」と考え，過去形を選ぶ。

3 (1)ひとつ前の文で理由を言っている。店に弁当箱の種類がたくさんありすぎて，どれを選んだらよいのかわからなくなっている。　(2)ユカが2番目の発言でエヴァにした質問は，娘の年齢，娘の好み（cute or cool），弁当箱の大きさ（big or small）の3つ。ユカの4番目の発言から a には cool が入り，b には because she likes eating が続くから big が入る。　(3)「彼女は青が好きです。」から好きな色をたずねる疑問文を作る。「何色」＝What color ～? (4)エヴァの最後の発言 French people use the word "Bento." を聞いて驚いている。

4 (1)英文中の the cat ＝「そのネコ」は c の前文の a cat のこと。　(2)直前までの「いくつかの例」をまとめる。For example, 以下にある a dog is ～，a cat that ～，a dog that ～の内容。try to cheer ～ up ＝「～を元気づけようとする」　(3)直前の2文参照。大きなクマと小さなネコの関係を見て驚いている。(4)直前の it は the cat のこと，「その友達」とはクマのこと。　(5)「私たちはなぜクマとネコが争うことなく一緒に楽しい時間を過ごしたのかわからない」に続く文。　(6)①「多くの子どもたちはどこへ行くのが好きですか。」第2段落最後の文参照。　②「クマとネコがお互いに出会ったとき，クマはネコを攻撃しましたか。」第6段落に the bear didn't attack the cat とある。　③「クマが新しいおりに移されたあと，なぜクマとネコはうれしそうに見えたのですか。」Why ～? の答えは Because で始めるとよい。第7段落最後の文参照。

放送内容

1 Hello, everyone. I'm Sam. Welcome to our
こんにちは，みなさん。　僕はサムです。　僕たちの学校へようこそ。
school. Our school was built thirteen years
僕たちの学校は13年前に建てられました。
ago. At this school, you'll have two classes in
この学校ではあなたたちは午前中に2時間授業があって午後に1時間授
the morning and one class in the afternoon.
業があります。
You'll study for ninety minutes in each class.
それぞれの授業では90分間勉強します。
In this classroom, there are fourteen students
この教室には日本出身の14人の生徒と中国出身の16人の生徒がいます。
from Japan and sixteen students from China.

You'll be classmates and study together.
あなたたちはクラスメイトになって一緒に勉強します。
Tomorrow I'll teach you two classes in the
明日，僕は午前中2時間の授業を教えます。
morning. In the first class, please talk about
最初の授業ではあなたの宝物について，またなぜそれがあなたに
your treasure and why it's important to you.
とって大切なのか話してください。
In the second class, you'll write about your
次の授業ではあなたは自分の夢について書きます。
dream. So bring your dictionaries. The first
だから辞書を持ってきてください。　最初の授業は
class will start at nine and the second class
9時に始まって，次の授業は10時40分に始まります。
will start at ten forty. Please come to this
この教室に来てください。
classroom.

全文訳

3 エヴァ：すみません。私は娘のための弁当箱がほし
いです。手伝ってくれませんか。　ユカ：もちろん。
何をしましょうか。　エヴァ：ありがとう。この店
にはたくさんの種類の弁当箱があります。私は選ぶ
ことができません。いちばんよいのはどれですか。
ユカ：ええと。私はあなたの娘さんについていくつ
かの質問がしたいです。彼女は何歳ですか。彼女は
かわいいものが好きですか，それともカッコいいも
のが好きですか。そして，大きいものと小さいもの
では，彼女にとってどちらの大きさがいいですか。
エヴァ：私の娘は15歳です。彼女はカッコいいも
のが好きです。また，彼女は食べることが好きなので，
大きいものをいつも使います。　ユカ：何色が好き
ですか。　エヴァ：彼女は青が好きです。　ユカ：
なるほど。これはどうですか。カッコよくて大きくて，
とても役に立ちます。　エヴァ：私は，娘はそれを
気に入ると思います。それをもらいます。どうもあ
りがとう。「べんとう」は今，フランスの人々の間で
とても人気があります。私たちは弁当箱にたくさん
の種類の食べ物を入れることを楽しんでいます。ま
た，それは運びやすいです。フランス人は「べんとう」
という言葉を使います。　ユカ：ほんとうですか？
私はそれを聞いてとても驚いています。

4 私たちの周りにはたくさんの人がいます。同じ考え
を持つ人もいれば，違う考えを持つ人もいます。違
う考えを持つ人々と仲良くなることは難しいのでしょ
しょうか。動物がこの質問の答えを持っているかも
しれません。
　人々は長い間ずっとある動物たちと仲良くしてき
ました。家で動物をペットとして飼う人もいます。
多くの子どもたちが動物を見るために動物園に行く
ことが好きです。
　「動物は，時に人間に似ている。」という人々もい
ます。あなたは賛成しますか。「動物は悲しいと感じ
ることができ，ほかの動物を愛することもできる。」
という人もいます。あなたはそれを信じますか。あ
なたはそれを信じないかもしれませんが，いくつか
例があります。

　例えばイヌは，飼い主が家に帰ってきて，イヌに
会ってうれしいときに，うれしくて尾を速く動かし
ます。あなたは飼い主が泣いているときに飼い主の
ところまで来て元気づけようとしているネコを今ま
でに見たことがありますか。飼い主が悲しんでいる
ときに悲しそうに見えるイヌはどうですか。これら
は動物が人々と感情を共有していることを示した例
のいくつかです。
　次の話は，2つの違った種類の動物の間でのよい
関係を示す例の1つです。それは，ある動物園のク
マとネコについてです。
　クマは動物園で生まれ，生涯そこで暮らしました。
ある日，ネコが動物園に来ました。だれもネコがど
こから来たかわかりませんでした。ネコはクマのお
りに入りました。ネコとクマがお互いに見合ったと
き，ネコはクマのところまで歩いていきました。ネ
コがクマを恐れることはなく，クマはネコを攻撃し
ませんでした。彼らは友達になりました。彼らは一
緒に同じ食べ物を食べました。彼らは一緒に寝まし
た。人々はその大きな動物と小さな動物の関係を見
て驚きました。動物園の飼育員の1人が言いました。
「2つの違った種類の動物の間にそのようなよい関係
を見るのは普通ではありません。この動物園を訪れ
る人々は彼らを見るのが好きです。」
　ある日，そのクマはそのおりから移動させられま
した。そのおりは古くて飼育員たちはそれを修理し
なければなりませんでした。クマが建物内のある場
所に移動されたあと，ネコはおりを歩き回りクマを
探しましたが友達を見つけることはできませんでし
た。やがて，飼育員たちはおりを修理することを終え，
クマを新しいおりに移動しました。ネコもそのおり
に来ました。ネコはまた，おりを出入りできました。
クマとネコはもう一度，一緒に楽しい時間を過ごし
たので，うれしそうに見えました。
　これらの2つの違った種類の動物がこのようによ
い友達になったとは信じないかもしれません。私た
ちはなぜクマとネコが争うことなく幸せな時間を一
緒に過ごしたのかはわからないですが，これらの動
物から何かを学ぼうとすることは大切です。違った
種類の動物は世界のたくさんの人々と一緒に生活す
ることができます。異なる考えを持つ人もいれば違っ
た言語を話す人もいるので，それは簡単ではないと
あなたは思うかもしれません。彼らとよい関係を築
くために，お互いを理解し私たちの考えを共有しよ
うとするべきです。クマとネコのように，一緒に幸
せに暮らすことができればいいと私は思います。

高校入試模擬テスト ②

本文pp.64-67

1 A June　B four
　　C far　D snow

2 (1) a ア　b エ

　　(2) A イ　B ア　C ウ

　　(3)（例）**What do you usually do on a holiday? / How do you spend a holiday?**

　　(4) **learning foreign languages**

3 (1) ウ

　　(2) 世界をあちこち旅行して回り，たくさんの友達を作ること。

　　(3)（例）**sad**

　　(4)（例）**send it back to me**

　　(5) ア

　　(6) エ

　　(7) イ・オ

解　説

1 放送内容参照。

2 (1) a 前に it's really useful ＝「それ（弁当箱）は本当に便利です」とあり，あとにその例が書かれている。　b「こんなにすてきな弁当箱を見たことがない」の意味。　(2) A ナオトが日本の生活の感想をたずねたことに対するベル先生の答えを選ぶ。　B ベル先生の「おかしな間違いをした」に続けて間違いの詳しい内容がある。　C ベル先生の最後の発言に注目。　(3)「何をしますか」や「どのように過ごしますか」と考える。「休日」＝ holiday　(4) ナオトの最後から2番目の発言をもとに考える。ベル先生の最初の発言の learning foreign languages を抜き出す。

3 (1) ア　ソフィーの手紙に「世界中を旅して友達を作ることが夢」とある。　イ　ソフィーとマサルは会ったことがない。　ウ　手紙の第2段落の内容に一致。　エ　ソフィーが中国やオーストラリアを旅行したという記述はない。　(2) ソフィーの手紙の第1段落4文

目を参照。　(3)「たくさんの人々が読むのでだれかを～にするようなことを書かないでください。」という文。　(4) 最後から3行目に2015年5月2日だったので郵便局に行ったとある。ここから「ノートを送り返した」と考える。　(5) 直後の文から，**ア**「日本で訪れるべき場所について書く」が適当。　(6) ソフィーのノートがソフィーの代わりに旅する話。　(7) **ア**　マサルは手紙の内容を理解していたので不一致。　**イ**　第1段落3文目に一致。　**ウ**　1つ目のルールの内容と不一致。　**エ**　どちらがおもしろかったとの記述はない。　**オ**　マサルのメッセージをあわせると30のメッセージをソフィーが受け取ったことになる。　**カ**　マサルがノートを送り返したので不一致。

放送内容

1 Hello, I'm Tom. I'm from Canada. Today, I'm
こんにちは，僕はトムです。僕はカナダの出身です。　　　今日，僕はカナダ
going to talk about my school life in Canada.
での自分の学校生活について話します。
In my country, the new school year starts in
僕の国では，新学年は9月に始まり，6月に終わります。
September and ends in June.　My school
　　　　　　　　　　　　　　　僕の学校は9時に始
starts at nine and we have two classes in the
まって，午前中に2つの授業があります。
morning.　Then, after lunch, we have two
　　　　　　そしてランチのあと，午後に僕たちは2つ授業を受けます。
classes in the afternoon.　Every class is
　　　　　　　　　　　　　　　どの授業も75分間です。
seventy-five minutes long.　Some of my
　　　　　　　　　　　　　　　僕の友達の何人かは学校
friends live really far from school, so it takes
からとても遠くに住んでいて，スクールバスで学校に来るのに30分以上かかりま
them more than thirty minutes to come to
す。
school by school bus.　After school, we play
　　　　　　　　　　　　放課後には，僕たちはサッカーのような
sports like soccer.　In winter, we have a lot of
スポーツをします。　　冬には雪がたくさん降ってとても寒いですが，
snow and it is very cold, but we still enjoy
僕たちはそれでも外で遊ぶのを楽しみます。
playing outside.　Please visit my country in
　　　　　　　　　　将来，僕の国を訪れてください。
the future.　Thank you.
　　　　　　ありがとう。

2 ナオト：あなたがなぜ日本に来たか教えてもらえませんか。　ベル先生：私は日本のマンガが大好きで日本の生活に興味を持っています。私はまた，日本語を学びたいと思っています。外国人の生活を理解したり外国語を学んだりするいちばんよい方法は外国に住むことだと私は思います。だから私は日本に来ました。　ナオト：あなたの日本での生活はどうですか。　ベル先生：すばらしいです。マンガの中の世界のようです。有名なキャラクターが私の周りのたくさんの場所で見つけられます。これを見て。（ベル先生はナオトに弁当箱を見せます。）　ベル先生：その上に私が好きなかわいいキャラクターがあります。また，それは本当に使いやすいです。例えばそれは食べ物を温かく保つことができ，それは箸を入れるための場所があります。私はこんなにすてきな弁当箱を私の国で見たことがありません。　ナオト：ほんとうに？　ベル先生：そうですね。日本ではほかにもかわいくて使いやすいものがたくさんあります。それらはあなたにとっては小さなことだと私は思うけど私にとっては特別です。　ナオト：僕はそんなことを考えたことがありません。では，僕はあなたに次の質問をします。休日は何をしているのですか。　ベル先生：よく旅行に行きます。私は日本中を旅行しているときに，たくさんのやさしい人々に会いました。　ナオト：いいですね。それでは，今，日本語を話せるのですか。　ベル先生：ほんの少しですよ。だから，私はたくさんのおかしな間違いをしたことがあります。　ナオト：ほんとうですか。もっと話してください。　ベル先生：えと…，ある日，私は日本の和菓子店であんこもちを買おうとしました…。　ナオト：そして？　ベル先生：私は「ワンコモチください。」と言いました。店にいた人々は最初，驚いたように見えましたが，すぐに私を理解してほほえみました。私はそのことを通して彼らと仲良くなったからこの間違いは悪くありませんでした。しかし，もし日本語をもっと上手に話せば，私はもっと日本人と話すことを楽しむことができます。　ナオト：僕たちは外国人が話す言語を学んだら彼らとよりよくコミュニケーションがとれます。　ベル先生：そのとおりですね。　ナオト：僕はいつかあなたの国を訪れたいと思います。だからもっと一生懸命英語を勉強しようと思います。ベル先生：私も，もっと一生懸命日本語を勉強します。

3 マサルは日本の大学生です。ある日，彼は旅行で日本に来たアメリカ人の女性からノートを受け取りました。最初のページには女の子によって書かれた英語の手紙がありました。そして彼は彼女の住所も見つけました。その手紙にはこう書いてありました。

こんにちは，私の名前はソフィーです。私は15歳です。私はフィンランドに住んでいます。私の夢は将来，世界をあちこち旅行して回り，たくさんの友達を作ることです。

先月，イギリスから来た何人かの先生と生徒が私たちの学校を訪れました。私たちは一緒に勉強し，話すことを楽しみました。生徒の1人が彼女の夢について話しました。彼女の夢は写真家になることでした。彼女は私の町にいるときにたくさんの写真を撮りました。彼女はその写真のいくつかを私に見せました。そして，それらは美しかったのです。私が彼女と話したあと，私も自分の夢に対して何かしたいと思いました。私は学校に行かなければならないし，十分なお金を持っていないので世界中を旅行することはできません。しかしこのノートは私の代わりにどこにでも行くことができます。だから私はこのノートを世界中に送ることを決めました。

この4つのルールに従い私を助けてください。

1. ページにあなたが書きたいものは何でも書いてください。もちろんあなたはあなた自身の言語で書いてよいです。

2. たくさんの人々が読むので，だれかを悲しませるようなことは書かないでください。

3. あなたがノートの中に書き終えたあと，だれかほかの人にそれをあげてください。

4. もしあなたが2015年5月1日よりあとにこのノートを受けとったら，それを私に送り返してください。

私は自分のノートがどこへ行くのか考えるとわくわくします。このノートはいくつの国を旅するのでしょうか。人々はそれに何を書くのでしょうか。助けてくれてありがとう。

マサルがソフィーのノートを受け取ったとき，それには8つの違った国の人々から29のメッセージがありました。彼は年をとった中国人に書かれた短い物語を読むのを楽しみました。彼はまた，オーストラリアの若い女の子が書いた歌も見つけました。みんながソフィーのルールに従いました。

彼は何を書くべきか考えました。彼は日本で訪れるべき場所について書き始めました。「将来，ソフィーが日本を訪れたら，それは役に立つだろう。」と彼は考えました。彼が書き終えたあと，彼はノートを閉じてソフィーの最後のルールに従うことを忘れませんでした。日付は2015年5月2日だったので，彼は郵便局に行きました。

2週間後，ソフィーはノートを受け取ってそれを読むのを楽しみました。

高校入試模擬テスト ③

本文pp.68-72

1 (1)① 3
　　② パン作り教室
　(2)① ウ
　　② エ
　　③ イ

2 (1) a about ten in the
　　　b taught me something interesting
　(2)① エ
　　② カ
　(3)（例）「星の王子様」を最初に日本
　　語に翻訳した熊本出身の人につい
　　て学ぶ
　(4) イ
　(5) A in English
　　　B was interested

3 (1)① Yes, she did.
　　② They were making paper in a
　　traditional way there.
　(2) ウ
　(3) 自然が，よい紙を作るために必要
　　なものを自分に与えてくれるから。
　(4)（例）When did you start working
　　here?
　(5) a ウ　　b エ
　(6) イ・カ

4 （例）I like playing tennis. I practice
　it very hard every day. My dream is
　to become a famous tennis player.

解 説

1 放送内容参照。

2 (1) a 「午前 10 時はどうですか。」「〜はど
うですか。」＝ How about 〜?
b 「それから彼は私におもしろいことを教え
てくれた。」「（人）に〜を教える」＝〈teach
＋人 〜〉
(2)① 別れのあいさつ。

② 前にベッキーの「日本人の作家によって書
かれた物語を読んだことがない」があり，ヨ
ウコの「世界の有名な物語について話すこと
ができる。」が続くことに注目。
(3) 直前のヨウコの発言に注目。
(4) ベッキーの「日本語で本を読めば」を受けて，
ヨウコが答える。
(5) A ヨウコの 7 番目の発言 2 文目に注目。that
は「英語で読むこと」。
B 最後のベッキーの発言に注目。

3 (1)① 「マユはおばあさんから小さな美しい
箱をもらいましたか。」第 1 段落 2 文目参照。
② 「和紙の博物館で数人の人々は何をしてい
ましたか。」第 3 段落 3 文目参照。
(2) 直前の内容参照。
(3) あとに続く because 〜がその理由。
(4) 「上手くなるのにどれくらいかかるか」や「な
ぜその仕事をしようと思ったか」などの英文
を書く。解答例は「あなたはいつここで働き
始めましたか。」という意味。
(5) a 第 3 段落 1 文目参照。
b your speech ＝「あなたのスピーチ」は
和紙をテーマにしたもの。スピーチから「紙
についてたくさん学んだ」と考える。
(6) ア 第 2 段落 6 文目と不一致。
イ 第 2 段落後半の内容と一致。
ウ 第 3 段落 5 〜 6 行目の I touched 〜の内
容と不一致。
エ 第 3 段落 7 〜 8 行目の Traditional Japanese
handmade paper doesn't like hot weather. と
不一致。
オ 本文で述べられていない。
カ 最後から 2 番目の文と一致。

4 「〜することが好き」＝ like 〜 ing / like to 〜,
「熱心に」＝ hard,「有名な」＝ famous など
を使って答える。

放送内容

1 (1)① You can see a cap, balls and shoes in
あなたは帽子とボールと靴を絵の中に見ることができます。
this picture. How many balls are there in the
箱の中にボールはいくつありますか。
box?

② Ken is going to join one of these four
ケンはこの4つの「夏休み教室」の1つに参加するつもりです。

"Summer Classes." He wants to learn how
彼は食べ物の作り方を学びたいと思ってい
to make something to eat. He cannot join a
ます。
class on Saturday. He wants to join a class
彼は土曜日は授業に参加できま
せん。
in the morning. Which is the best class for
午前中の授業に参加したいと思っています。
Ken?
どれがケンにとっていちばんよい授業でしょうか。

(2) Kevin : Hi, Miki. What are you doing?
やあミキ。何をしているの。
Miki : Hi, Kevin. I'm looking at my art book. I
こんにちは、ケビン。芸術の本を見ているの。日本の芸術が大好きなの。
like Japanese art very much.

Kevin : Can I see it?
見てもいいかい？
Miki : OK. These are *ukiyoe* pictures,
いいわよ。　これらは日本の伝統的な芸術の浮世絵よ。
traditional Japanese art.

Kevin : They are beautiful! I like their colors.
きれいだね！　色が気に入ったよ。
Miki : There are *ukiyoe* pictures in some
あなたの国の博物館にも浮世絵があるのよ。
museums in your country too.

Kevin : Really? I'm surprised.
ほんとうに？　驚いたなぁ。
Miki : *Ukiyoe* pictures have been popular in
浮世絵は外国で 100 年以上前から人気がある。
foreign countries for more than one hundred

years.

Kevin : I didn't know that. I want to know
それを知らなかったよ。　もっと浮世絵について知りた
more about *ukiyoe* pictures.
いな。
Miki : I'm happy because you are now
私は今、あなたが伝統的な日本の芸術に興味を持ってくれてうれしいわ。
interested in traditional Japanese art. In the
将来，私は
future, I want to study it and work in a
それを勉強して博物館で働きたいの。
museum.

Q1 : Did Miki show Kevin her art book?
ミキはケビンに芸術の本を見せましたか。
Q2 : Why was Kevin surprised?
なぜケビンは驚いたのですか。
Q3 : What does Miki want to do in the future?
ミキは将来，何をしたいのですか。

全文訳

2 （金曜日の放課後）

ヨウコ：ベッキー，明日，ひま？　私の家に来ない？

ベッキー：ありがとう，ヨウコ。何時に行けばいいの？

ヨウコ：午前 10 時はどう？

ベッキー：わかった。簡単に家を見つけることができる？

ヨウコ：私の家のとなりに郵便局があるわ。

ベッキー：わかったわ。じゃあ，明日の 10 時にあなたの家に行くわね。またね。

ヨウコ：じゃあね。

（次の日，ヨウコの部屋で）

ベッキー：あなたはたくさんの本を持っているね，ヨウコ。

ヨウコ：ありがとう，ベッキー。私はよく学校で友達と本について話をするのよ。

ベッキー：私も参加したいわ。だけど，私は日本人の作家によって書かれた物語を読んだことがないの。

ヨウコ：それは重要じゃないわ。私たちは世界の有名な物語について話すことができるの。あなたは「星の王子様」を知っている？

ベッキー：知っているわ。私はカナダにいるときにそれを何回も読んだわ。今では人々はたくさんの言語でそれを読むことができる。あなたは英語でそれを読んだことある？

ヨウコ：いいえ，ないわ。私は次はそうしてみたいの。ところで，私は先週，先生と「星の王子様」について話をした。そのとき，彼はおもしろい話を私に教えてくれたわ。

ベッキー：それは何だったの？

ヨウコ：最初に「星の王子様」を日本語に翻訳した人は熊本出身だったの。私はそれを知らなかったわ。それからまた，彼は市の図書館でその人について学ぶことができるとも言っていたわ。だから，私は来週の土曜日にそこに行くつもりなの。

ベッキー：一緒に行ってもいい？

ヨウコ：もちろん。今はたくさんの日本の物語が英語に翻訳されている。あなたはそういう本をそこで読むことを楽しむことができる。

ベッキー：それはおもしろそうね。でも，私の日本語は日本語で本を読めばもっと上手になるでしょうね。

ヨウコ：それなら，あなたは簡単な日本語で書かれた本を見つけることができるの。それらを読んでみてはどう？

ベッキー：それはおもしろそうね。やってみるわ。

3 私は和紙に興味があります。私が幼い子どもだったときに，祖母が私に和紙で作られた小さな美しい箱を私にくれました。私はそのときから，その紙を気に入っていて，それを将来，勉強したいと思っています。

　今日，私は特別な種類の和紙について話をし

たいです。それは伝統的な日本の手作りの紙です。それは自然の素材で作られています。時間，大変な仕事，また特別な技術がそれを作るために必要とされています。それはふつう高価で，あなたはそれを手に入れるために特別な店に行かなければなりません。その紙に最初に触ったときに，私は感銘を受けました。それはやわらかくて温かかったのです。それはあなたが自然に触れたときに得るのと同じ感覚でした。またそれはとても強く長い間変わりません。国立博物館で私は1,000年以上前に作られた紙を見ました。私は和紙はすばらしいと思います。しかしそれを作る人々の数はより少なくなってきています。私はその美しい紙を守りたい，そして，それが今日の私のスピーチの理由です。

この冬，私は和紙の博物館に行きました。それは「博物館」と呼ばれていますが，私には紙の工場のように見えました。数人の人々がそこで伝統的な方法で紙を作っていました。そして私はその工程を見ることができました。私はそこで働いている男性と話をしました。彼の名前はマキノさんでした。私が彼と話をしたとき，彼は両手で水の中に何かを入れていました。「その水は冷たいのですか。」私は彼に言いました。彼はほほえんで言いました。「やってみたいですか。」私が水に触ると，それはとても冷たかったのです。彼は言いました。「しかしそれはそんなに悪いということではありません。冬は紙にとって最良の季節なんです。」「どういうことですか。説明してもらえませんか。」私は言いました。「も

ちろんです。伝統的な日本の手作りの紙は暑い天気を好みません。その素材は寒いときのほうがいいのです。」彼は答えました。「なるほど。それは大変な仕事ですよね。」私は言いました。「その通りですが，私は寒い天気でも大丈夫です。それが紙を美しくしてくれます。私は自然に感謝しています。なぜならそれは私がよい紙を作るために必要なものを私に与えてくれるからです。」彼は言いました。私は紙に対しての私の愛について話をすると，マキノさんはそれを聞いてうれしそうに見えました。私は彼の仕事についてもう少し質問をすると，彼はよい答えをくれました。マキノさんはまた言いました。「もし，あなたが私たちの紙のために何かしたいのなら，たくさんの人々にそれについて話してください。」「はい，私はそれをしなければならないと思います。」と私は答えました。博物館を去る前に，私は博物館の売店を見つけて美しい2枚の紙のしおりをそこで買いました。1つは私の祖母のためでした。彼女は私がそれをあげるとほほえみました。もう1つは自分のためで，そして，私はそれを使ってあの日を思い出しています。

伝統的な日本の手作り和紙は長い間，ずっと私たちと共にあります。古くからたくさんの人々は自然と共に生活していてそれから美しい紙を作ってきました。私は紙は日本の文化の宝だと思います。私はそれについてもっと学び人々に伝えたいです。もし，より多くの人々が興味を持ってくれたら私はうれしいです。以上です，ありがとうございます。